KATHARINA NOCUN
PIA LAMBERTY
True Facts

Weitere Titel der Autorinnen:

Fake Facts. Wie Verschwörungstheorien unser Denken bestimmen

KATHARINA NOCUN
PIA LAMBERTY

TRUE
FACTS

WAS GEGEN
VERSCHWÖRUNGSERZÄHLUNGEN
WIRKLICH HILFT

QUADRIGA

Dieser Titel ist auch als Hörbuch und E-Book erschienen

Originalausgabe

Copyright © 2021 by Bastei Lübbe AG, Köln

Textredaktion: Angela Kuepper, München
Illustrationen Innenteil: © Nicole Funke
Umschlaggestaltung: ZERO Werbeagentur, München
Satz: hanseatenSatz-bremen, Bremen
Gesetzt aus der Arno Pro
Druck und Einband: GGP Media GmbH, Pößneck

Printed in Germany
ISBN 978-3-86995-114-0

5   4   3   2   1

Sie finden uns im Internet unter quadriga-verlag.de
Bitte beachten Sie auch: lesejury.de

Unseren Familien

Inhalt

Einleitung

Wahrscheinlich haben Sie aus gutem Grund zu diesem Buch gegriffen. Vielleicht waren Sie in den letzten Monaten im Alltag plötzlich mit Situationen konfrontiert, in denen Menschen sehr drastische Verschwörungserzählungen verbreitet haben. Oder aber Sie haben jemanden in Ihrem Freundeskreis oder in der Familie, um den Sie sich Sorgen machen, weil er oder sie sich immer mehr in etwas verrennt. Vielleicht sind Sie auch beunruhigt, weil der Glaube daran, dass hinter allem ein großer Plan steckt, Auswirkungen darauf hat, wie wir als Gesellschaft über politische Fragen diskutieren und ob wir noch in der Lage sind, gute Antworten auf die Herausforderungen unserer Zeit zu finden. Denn sowohl als Gesellschaft als auch im Privaten ist es schwer, zueinanderzufinden, wenn Verschwörungsideologen Angst verbreiten und Hass schüren.

Wenn Sie aber erwarten, dass dieses Buch Ihnen ein Wundermittel an die Hand gibt, dann müssen wir Sie leider enttäuschen. Es gibt keinen simplen Zehn-Punkte-Plan, wie man Verschwörungsgläubige schnell und unkompliziert aus dem Kaninchenbau ihres geschlossenen Weltbilds herausholen kann. Es gibt keine Impfung, die verhindert, dass derartige Thesen in Teilen der Gesellschaft auf offene Ohren stoßen. Was es aber gibt, sind Erkenntnisse aus Wissenschaft und Beratungspraxis, die dabei helfen können, einen besseren Umgang damit zu finden. Und genau das erwartet Sie auf den folgenden Seiten.

Eine Warnung vorab: Was gegen Verschwörungserzählungen wirklich hilft, ist in jedem Fall anders. Selten ist es einfach, häufig kompliziert und äußerst mühsam. Und manchmal wird man auch schlichtweg aufgeben müssen. Wir sind allerdings überzeugt davon, dass es zunächst wichtig ist zu verstehen, was den Reiz solcher Narrative ausmacht. Denn nur wer durchschaut, an welche psychologischen Grundbedürfnisse Verschwörungserzählungen beim anderen anknüpfen, kann auch effektive Gegenstrategien entwickeln. Wer die gängigsten Maschen von Verschwörungsideologen kennt, ist nicht nur besser für Diskussionen gewappnet, sondern kann auch sich selbst wirkungsvoller davor schützen, auf Argumentationstricks reinzufallen. Wer weiß, wie man seine Argumente gut zur Geltung bringt und welche Gesprächsstrategien von Vorteil sind, wird es auch bei schwierigen Diskussionen deutlich einfacher haben. Allerdings ist es wichtig, sich bewusst zu machen, dass sogar die besten Argumente womöglich nicht gegen die festen Mauern eines in sich geschlossenen Weltbilds ankommen werden. Die obsessive Beschäftigung mit einem angeblichen geheimen Plan kann selbst die engsten zwischenmenschlichen Beziehungen vor eine Zerreißprobe stellen. Deshalb haben wir auch mit Beratungsstellen gesprochen, die Familien in solchen Situationen zur Seite stehen und Hilfestellungen geben, was zu tun ist, wenn Gespräche regelmäßig eskalieren.

Vielleicht haben Sie auch viele Fragen: Wie kann ich Grenzen setzen, wenn das Thema plötzlich den Alltag dominiert? Ist es vertretbar, sich manchmal aus Selbstschutz zurückzuziehen? Und was soll man tun, wenn einen die Sorge um die psychische Gesundheit einer geliebten Person umtreibt? Wir können nicht versprechen, all diese Fragen abschließend zu beantworten. Denn – und das haben Sie vielleicht ja auch schon gemerkt – jeder Fall ist anders. Hinter jedem Menschen, der an Verschwörungserzählungen glaubt, steht eine eigene Geschichte. Viele dieser Geschichten werden Sie auch in diesem Buch finden. Von Menschen, die enge Angehörige nicht wiedererkennen. Von Familien, die daran zu zerbrechen drohen. Aber auch Geschichten der Hoffnung, die von all denen handeln, die das Feld eben nicht denjenigen überlassen wollen, die Angst, Hass und Zwietracht säen. Von Angehörigen, die sich entschlossen haben, nicht wegzusehen, wenn ein Familienmitglied ihnen zu entgleiten droht. Von Einzelpersonen und Initiativen, die sich gegen Hass zur Wehr setzen. Und von Menschen, die schließlich doch hinausgefunden haben aus dem Kaninchenbau des Verschwörungsglaubens. Denn auch wenn der Weg manchmal steinig ist – es gibt Hoffnung.

Die Psychologie des Verschwörungsglaubens

Es ist ein wunderschöner Sommertag irgendwo in Deutschland. Nach einer längeren Wanderung erreichen wir einen Kaffeestand und möchten uns ein wenig stärken. Der Mitarbeiter, Martin, freut sich sichtlich, endlich mal wieder einen Menschen zu Gesicht zu bekommen, denn trotz des guten Wetters ist wenig los. Es ist ihm anzumerken, dass er sich hier etwas einsam fühlt. Man kommt ins Gespräch, und innerhalb kürzester Zeit fängt er an, von seinem Leben zu erzählen. Martin berichtet von einem abgeschlossenen Studium, von daran anschließender Arbeitslosigkeit und dass er deswegen jetzt an diesem Kaffeestand arbeitet. Er schildert die Krankheit seines Vaters, die ihn schwer gezeichnet hat. Wir lauschen interessiert und nicken verständnisvoll, sind gleichzeitig aber auch ein wenig verwirrt von seinen offenherzigen Ausführungen. Martin ist sehr aufgeschlossen, wirkt jedoch irgendwie fahrig, es ist schwer, ihm zu folgen.

Unvermittelt wechselt er das Thema, und plötzlich geht es darum, dass die Pandemie eigentlich eine groß angelegte Verschwörung sei. »Die da oben« hätten sich das seiner Meinung nach alles nur ausgedacht, um die Bevölkerung zu belügen. Impfungen sind für ihn reines Gift. Er hätte deshalb auch schon Vorräte angelegt, teilt er uns mit vielsagendem Blick mit. Man wisse schließlich nie, sagt er. Dann springt er gedanklich weiter und redet plötzlich von

Atombunkern, die angeblich der Bevölkerung verschwiegen würden und sich unter dem Berliner Flughafen BER und dem Stuttgarter Bahnhof befänden. Im Internet werde diskutiert, ob diese Bunker nicht als riesiges Tunnelsystem fungieren sollten, um eine »Neue Weltordnung« zu errichten. Denn, und da ist Martin sich sicher, die Apokalypse steht kurz bevor. Zunehmend redet er sich in Rage, und wir haben keine Chance, irgendwo einzuhaken. Er wirkt auf uns wie ein Prediger. Aber einer, dem es eigentlich egal ist, was wir von seinen Verkündigungen halten. Es geht ihm vor allem darum, seine Geschichte, seine eigene Wahrheit zu erzählen. Ob wir hier stehen und ihm glauben oder nicht – es scheint fast so, als wäre das nicht wichtig für ihn.

Viele Menschen kennen spätestens seit Ausbruch der Pandemie solche Situationen: Am Bahnsteig, in der eigenen Familie oder im Büro ist man mit Leuten konfrontiert, die Verschwörungserzählungen verbreiten. Dabei kommt unweigerlich die Frage auf: Warum glauben Menschen an solche offensichtlich kruden Thesen? Vorab: In der Psychologie wird bei einem verschwörungsideologischen Weltbild auch von der sogenannten Verschwörungsmentalität gesprochen. Dieser Begriff beschreibt die individuelle Tendenz, die Welt als Ort voller Verschwörungen wahrzunehmen. Neben dieser generellen Veranlagung, die bei Menschen unterschiedlich stark ausgeprägt ist, gibt es aber auch noch Situationen oder äußere Faktoren, die den Glauben an Verschwörungen begünstigen können. Insgesamt kann man davon ausgehen, dass Menschen Dinge nicht ohne Grund glauben oder tun. Dieser Grund muss sich einem nicht unmittelbar erschließen oder für gut befunden werden – es gibt ihn aber meistens trotzdem. Um eine Entscheidung treffen zu können, wie man mit Situationen umgehen soll, in denen Verschwörungserzählungen von Freunden oder Angehörigen verbreitet werden, ist es erst einmal wichtig zu verstehen: Was passiert da eigentlich? In der Psychologie wird davon ausgegangen, dass der Glaube an Verschwörungen drei grundlegende Bedürfnisse befriedigen kann:

- **Existenzielle Motive** haben mit dem Wunsch nach Sicherheit und Kontrolle zu tun.
- **Epistemische Motive** hängen damit zusammen, dass Menschen die Welt um sich herum verstehen möchten.
- **Soziale Motive** beziehen sich darauf, dass Menschen als Person oder Gruppe positiv wahrgenommen werden wollen.

Betrachten wir zunächst die **existenziellen Motive**. Forschungsarbeiten konnten zeigen, dass Menschen grundsätzlich das Bedürfnis haben, Kontrolle über eine Situation auszuüben. Je mehr Kontrolle ein Mensch über sein Leben ausüben kann, desto zufriedener, gesünder und stressfreier ist er im Durchschnitt. Wenn das Bedürfnis nach Kontrolle allerdings nicht ausreichend befriedigt wird, äußert sich das oft in Form von Hilflosigkeit und Ohnmacht. Das klingt alles vielleicht erst einmal sehr abstrakt, hat aber tatsächlich viel mit dem eigenen Alltag zu tun. Wer schon mal in einem Aufzug stecken geblieben ist und sich nicht selbst befreien konnte, wird verstehen, welchen Stress nicht nur die Enge in einem auslöst, sondern auch die Tatsache, dass man keine Kontrolle über die Situation hat. Ein anderes Beispiel wäre, wenn man dringend pünktlich am Bahnhof sein muss, um seinen Zug zu erwischen, aber der Bus nicht kommt. Abwechselnd starrt man auf die Uhr und wieder auf die Straße und geht innerlich schon die Konsequenzen der drohenden Verspätung durch. Wie man es auch dreht und wendet, in der Situation hat man keinen Einfluss darauf, ob der Bus im Stau stecken bleibt oder zu viele Leute an anderen Haltestellen zusteigen. Derartige Erlebnisse lösen Stress aus, und all diese Beispiele machen deutlich: Ungewissheit zu bekämpfen und die Kontrolle über eine Situation zu behalten ist eines der grundlegenden und wesentlichen Bedürfnisse im menschlichen Leben.

Was passiert aber nun, wenn dieses Bedürfnis gestört wird? Verschiedene Studien konnten zeigen, dass Menschen in solchen Situationen versuchen, Kontrolle mithilfe psychologischer Mechanismen wiederherzustellen. Das kann etwa bedeuten, dass sie anfangen Muster zu sehen, wo keine sind. In der Psychologie nennt sich das illusorische Mustererkennung. Hierbei werden Dinge miteinander verbunden, die eigentlich nichts miteinander zu tun haben. Viele Menschen glauben etwa, dass sie eine bessere Chance haben, bei einem Münzwurf richtig zu tippen, wenn ihr Tipp – also beispielsweise »Zahl« – in den vorherigen Runden länger nicht geworfen wurde. Mathematisch ist das allerdings Nonsens, denn die Wahrscheinlichkeit für einen zukünftigen Treffer steht in keinerlei Zusammenhang mit der Information, ob das Ergebnis der vorherigen Runde »Kopf« oder »Zahl« lautete. Warum neigen wir in solchen Situationen trotzdem dazu, einen Zusammenhang zu konstruieren? Die Verbindung von zufälligen Punkten zu Mustern ermöglicht es Menschen, auf emotionaler Ebene besser mit einer unsicheren Zukunft umzugehen. Und genau dieses Phänomen begegnet uns auch beim Glauben an übernatürliche Phänomene und Verschwörungserzählungen: Alles hängt vermeintlich mit allem zusammen.

Neben den existenziellen Motiven spielen auch **epistemische Motive** eine Rolle. In einer Studie der Psychologen Jan-Willem van Prooijen, Karen Douglas und Clara de Inocencio

wurde untersucht, wie der Glaube an Verschwörungen ganz konkret mit der Sicht auf die Welt zusammenhängt. Die Versuchsteilnehmer sollten Gemälde der modernen Kunst bewerten, die sehr chaotisch waren und keinerlei Muster enthielten. Ihnen wurde vorab mitgeteilt, dass die Bilder alle vom selben Künstler stammten und dass dieser für seine zufälligen Pinselstriche und unregelmäßigen Figuren bekannt sei. Die Probanden wurden dann gebeten, die Kunstwerke dahingehend zu bewerten, ob sie trotzdem Muster im Bild erkennen würden. Das Ergebnis: Je stärker der Verschwörungsglaube, desto eher wurden auch Muster in den chaotischen Bildern wahrgenommen.

Ein gutes Beispiel für die Verbindung von losen Punkten zu Mustern durch Anhänger von Verschwörungserzählungen ist das »Megaritual 2011«. Im April 2011 wurde ein Video im Internet veröffentlicht, in dem behauptet wurde, dass ein Atombombenanschlag auf das Berliner Olympiastadion geplant sei. Sogar ein konkreter Termin wurde genannt: Die Katastrophe sollte sich am 26. Juni 2011 ereignen. Woher der Ersteller des Videos das wusste? Belege für die angebliche Verschwörung gab es aus seiner Sicht überall: Leonard Cohen sang schließlich in einem seiner Lieder »First we take Manhattan, then we take Berlin«. Die Logik dahinter: Cohen kündigte angeblich in seinem Song erst den Angriff auf die Twin Towers am 11. September 2001 an, daher müsste das nächste Terrorziel eindeutig Berlin sein. Ein weiterer Hinweis stammt aus dem Actionthriller *Unknown Identity* aus dem Jahr 2011. Die Seitenzahlen und markierten Zahlen **11/2** + 1 + 5 + 2 + 1 + 4 + 6 + 5 / **6**, die im Film an verschiedenen Stellen auftauchen, ergeben laut dem Videourheber 11/26/6 – und schon weiß man, wann der Terroranschlag stattfinden soll. Nimmt man dazu noch ein Konzert der Band Scooter mit dem Titel *Stadium Techno Inferno*, einen Fernsehkrimi über einen Terroranschlag auf das Olympiastadion in Berlin und Fernsehwerbung für die Fußball-Weltmeisterschaft der Frauen in Deutschland, dann wusste manch einer ganz klar, was angeblich an diesem Tag in Berlin passieren sollte. Innerhalb des Verschwörungsmilieus finden sich immer wieder Beispiele dafür, dass zusammenhanglose Informationen aus dem Kontext gerissen und zu angeblich wasserdichten Beweisen für finstere Machenschaften vermengt werden. Aber warum tun Menschen so etwas? Verschwörungsgläubige versuchen durch derartige Mechanismen das subjektive Gefühl der Vorhersagbarkeit zu erhöhen und so einen tieferen Sinn innerhalb von Situationen zu erkennen, die auf den ersten Blick chaotisch erscheinen und sie vielleicht auch verunsichern oder überfordern.

Es gibt aber auch **soziale Motive**, die erklären, warum Menschen an Verschwörungen glauben. Wer sich schon einmal mit dem Thema auseinandergesetzt hat, wird feststellen, dass Verschwörungsgläubige selten verunsichert wirken, sondern vielmehr oft sehr lautstark ihre Form der Wahrheit verkündigen. Das macht auch die eingangs geschilderte Geschichte des von einer drohenden Apokalypse überzeugten Kaffeeverkäufers deutlich. Obwohl er wahrscheinlich durch seine Arbeitslosigkeit und die schwere Krankheit seines Vaters einen massiven Kontrollverlust erlebt hatte, wirkte er keineswegs zurückhaltend darin, seine Überzeugungen zu verbreiten. Das bringt uns zu einem weiteren wichtigen Grund, warum Verschwörungserzählungen auf einige Menschen eine derartige Anziehungskraft entfalten: Sie können sich dadurch besonders fühlen. Sich von der Masse abheben zu wollen ist erst einmal ein grundlegender Aspekt der menschlichen Existenz. Menschen mit einem besonders starken Bedürfnis nach Einzigartigkeit können allerdings besonders anfällig für Verschwörungserzählungen sein – ein Befund, den verschiedene Studien untermauern konnten. Im Rahmen eines Experiments haben die Wissenschaftler Roland Imhoff und Pia Lamberty gezeigt, dass Menschen mit stark ausgeprägter Verschwörungsmentalität insbesondere dann an eine ihnen präsentierte Verschwörungserzählung glaubten, wenn ihnen mitgeteilt wurde, dass nur eine kleine Gruppe davon überzeugt sei. Wenn die Information allerdings lautete, der Großteil der Gesellschaft teile die jeweilige Auffassung, war die Geschichte für sie plötzlich nicht mehr so attraktiv. Die Ergebnisse dieses Experiments machen eines sehr deutlich: Beim Verschwörungsglauben geht es oft weniger darum, dass Anhänger Fakten nicht kennen oder Zusammenhänge nicht verstehen. Vielmehr ist es so, dass Anhänger durchaus auch für sich etwas Positives aus ihrer jeweiligen Überzeugung ziehen können. Der Glaube daran, als einer der wenigen »Auserwählten« geheimen Machenschaften auf der Spur zu sein, kann eine große Anziehungskraft entfalten. Schließlich ist es eine Art Heldengeschichte, die man sich selbst und vielleicht auch anderen erzählen kann. Eine Geschichte, die manchmal eine Flucht aus dem tristen Alltag ermöglicht, in dem man nur allzu oft das Gefühl von Hilflosigkeit und Bedeutungslosigkeit vermittelt bekommen hat. Vielleicht hat das auch bei der Entscheidung des Kaffeeverkäufers, sich Verschwörungserzählungen zuzuwenden, eine Rolle gespielt – wer weiß.

Psychologische Studien haben zudem gezeigt, dass Menschen mit starkem Narzissmus Verschwörungen stärker anhängen. Narzissten glauben von sich selbst, grandios zu sein. Gleichzeitig haben sie aber das Gefühl, dass diese Großartigkeit von anderen nicht genug wertgeschätzt wird. Beim kollektiven Narzissmus beziehen sich diese Gefühle auf die Gruppe, der man sich zugehörig fühlt – das kann das eigene Land, der Sportverein oder eben die verschwörungsideologisch geprägte Protestgruppe sein. Menschen, die einen ausgeprägten kollektiven Narzissmus aufweisen, sind der Überzeugung, ihre Gruppe sei außergewöhnlich, Außenstehende würden dies aber nicht ausreichend anerkennen. Da heißt es dann etwa, die eigene Gruppe hätte in Sachen Pandemie mehr Durchblick als alle etablierten Wissenschaftler zusammen. Aus so einer Sicht heraus ärgert es Anhänger natürlich, wenn sie das Gefühl haben, von »den Medien« nicht richtig gehört zu werden. Ein solcher kollektiver Narzissmus birgt gesellschaftliche Gefahren, weil er nicht nur mit einer übersteigerten Wahrnehmung der eigenen Gruppe einhergeht, sondern auch mit Vorurteilen und Vergeltungsaggressionen gegenüber den scheinbaren Feinden. Man hat das

Gefühl, die eigene Gruppe sei einer ständigen Bedrohung ausgesetzt, und der Rest der Gesellschaft wird schnell als bösartig angesehen.

All diese geschilderten psychologischen Zusammenhänge machen deutlich, dass der Glaube an Verschwörungen oft weniger mit den vermeintlichen Verschwörern als vielmehr mit dem eigenen Selbst des Verschwörungsgläubigen zu tun hat. Eine wissenschaftliche Theorie geht sogar noch einen Schritt weiter und sagt: Menschen, die überall Verschwörungen wittern, tun das auch, weil sie von sich auf andere schließen. Denn wenn sie die Möglichkeit hätten, an einer Verschwörung teilzunehmen, würden sie derartige Pläne eher selbst umsetzen wollen. Es geht hierbei also auch um Projektion – man schließt von sich auf andere. Der Psychoanalytiker Sigmund Freud ging davon aus, dass Projektion als eine Art Abwehrmechanismus fungieren kann, bei dem unerfüllte Wünsche und Motivationen verleugnet werden, indem man sie einfach anderen zuschreibt. Moderne Ansätze sagen, dass Projektion Menschen dabei helfen kann, der eigenen Welt einen Sinn zu verleihen, wenn zuverlässige Informationen fehlen. Gemäß dieser Theorie nutzen Menschen also derartige Mechanismen, um zu verstehen, was andere getan haben könnten. Daraus folgt ein fataler Fehlschluss: Aus »Ich würde das so machen« wird dann »So müssen die da oben es getan haben«. Verschwörungsgläubige dürften also eher davon ausgehen, dass AIDS absichtlich von der Regierung geschaffen wurde, wenn sie selbst bereit dazu wären, solch eine Verschwörung anzuzetteln. Eine Studienreihe der Psychologen Karen Douglas und Robbie M. Sutton konnte die Existenz derartiger Zusammenhänge belegen: Menschen, die im Rahmen einer Studie angaben, sie hätten eher den Befehl zum Terroranschlag auf das World Trade Center gegeben – vorausgesetzt, sie wären in einer solchen Machtposition gewesen –, glaubten auch eher, dass es sich bei 9/11 um eine groß angelegte Verschwörung gehandelt habe.

Jetzt ist es natürlich nicht so, dass Verschwörungsgläubige die Einzigen sind, die an falsche oder krude Dinge glauben. Jeder Mensch war sicherlich schon einmal felsenfest von etwas überzeugt, das sich später als vollkommen falsch herausgestellt hat. Viele Dinge, die wir als Kind aufgeschnappt haben, begleiten uns oft bis ins Erwachsenenalter. »Hör auf zu schielen, sonst bleiben die Augen so stehen!«, »Wenn du vor dem Schwimmen viel isst, kannst du ertrinken!«, »Verschluckte Kaugummis bleiben für immer in deinem Körper!« Manch einer hinterfragt derartige elterliche Wahrheiten erst dann, wenn er selbst Kinder hat, und stellt nach einer kurzen Recherche überrascht fest: »Das, was ich all die Jahre geglaubt habe, ist eigentlich vollkommen abwegig.« Oft passiert es auch, dass wir uns auf Daumenregeln und Vereinfachungen verlassen, weil wir gerade entweder nicht die Zeit oder den Nerv dafür haben, viel Energie in eine Entscheidung zu stecken. Die psychologische Forschung ist in den letzten Jahrzehnten auf unzählige kognitive Verzerrungen gestoßen, die für systematische Fehler beim Erinnern, Denken und Handeln verantwortlich sind – uns aber paradoxerweise trotzdem häufig dabei helfen, den Alltag zu bewerkstelligen. Wir haben schließlich nicht immer die Zeit, stets alle Informationen sorgfältig abzuwägen, und müssen uns daher auf mentale Abkürzungen verlassen. Menschen halten selbst gebaute Sachen beispielsweise für wertvoller als gekaufte Produkte (IKEA-Effekt) und denken, dass Aussagen, die sie vorher schon einmal gehört haben, glaubhafter sind als neue Informationen (Scheinwahrheitseffekt). Wir neigen dazu, von bekannten Eigenschaften einer Person auf unbekannte zu schließen (Halo-

Effekt). Wir interpretieren Informationen so, dass sie unsere Erwartungen erfüllen (Bestätigungsfehler), und halten uns selbst gleichzeitig für vollkommen unbeeinflusst (Verzerrungsblindheit). Kognitionsverzerrungen lassen sich in unterschiedlichen Ausprägungen bei allen Menschen messen. Sie spielen nicht nur bei Verschwörungsgläubigen eine Rolle.

Oft heißt es, mangelnde Bildung sei die Ursache für den Glauben an Verschwörungserzählungen. Schaut man sich aber die Datenlage hierzu an, sind Zweifel angebracht, ob es tatsächlich so einfach ist. Studien konnten zwar einen Zusammenhang zwischen einem niedrigen Bildungsgrad und dem Glauben an Verschwörungserzählungen feststellen. Allerdings ist es möglich, dass der Faktor des gefühlten Kontrollverlusts hierbei eine größere Rolle spielt. Menschen mit einem niedrigeren Schulabschluss laufen in unserer Gesellschaft eher Gefahr, in Jobs zu landen, die von Fremdbestimmung und niedrigerem Einkommen geprägt sind. Deshalb kann pauschal mehr Schulbildung an der Anfälligkeit für Verschwörungserzählungen höchstwahrscheinlich – wenn überhaupt – nur indirekt etwas ändern. Wissenschaftler von der University of Minnesota und der Colorado State University konnten in einer Studie sogar zeigen, dass der Glaube an unterschiedliche Verschwörungserzählungen, etwa zum Thema Klimaerwärmung oder über eine angebliche Fälschung des Geburtszertifikats von Barack Obama, bei politisch konservativ gelagerten Testpersonen mit höherem Bildungsgrad teilweise sogar stärker ausgeprägt war. Dieser Prozess lässt sich auch als »motiviertes Denken« beschreiben. Es fällt uns eben besonders leicht, an Verschwörungserzählungen zu glauben, die uns in Feindbildern und Vorurteilen bestärken, welche in unserem Weltbild bereits fest verankert sind. Das erklärt, warum konservative Menschen mit höherem Bildungsgrad im Rahmen des Versuchs angaben, selbst sehr drastische Mythen über einen prominenten Politiker des konkurrierenden politischen Lagers für wahr zu halten.

Beim Verschwörungsglauben ist also nicht das Hauptproblem, dass Dinge verzerrt wahrgenommen werden oder die betreffenden Menschen eine zu geringe Bildung haben. Die größte Gefahr bei Verschwörungserzählungen ist vielmehr, dass so Fehlwahrnehmungen und Feindbilder geschaffen werden, die ernsthafte Konsequenzen haben können – sowohl für andere als auch für den Verschwörungsgläubigen selbst. Verschiedene Studien konnten beispielsweise zeigen, dass ein Zusammenhang zwischen der Verschwörungsmentalität und gesteigertem Misstrauen gegenüber medizinischen Ansätzen besteht. Je stärker die Ausprägung der individuellen Verschwörungsmentalität, desto eher halten Menschen sogenannte alternative Verfahren wie etwa Schüßlersalze, Homöopathie oder Reiki (Handauflegen) für sinnvoll und umso weniger vertrauen sie Impfungen und Antibiotika. Gerade bei Gesundheitsthemen ist das Umfeld von Verschwörungsgläubigen verständlicherweise oft in großer Sorge, wenn etwa behauptet wird, bei einer Krebserkrankung sollte man aufgrund einer großen Medizin-Verschwörung nicht zum Arzt gehen oder Chemotherapie sei rundweg abzulehnen. Häufig stoßen Beratungsstellen im Gespräch mit besorgten Angehörigen dabei auf einen vorherigen Bezug des Verschwörungsgläubigen zu sogenannter alternativer Heilkunde, auf spirituelle Glaubenssätze oder die Suche nach einem tieferen Sinn im Leben. Für Sabine Riede, Leiterin der Beratungsstelle Sekten-Info Nordrhein-Westfalen, kommen diese Zusammenhänge nicht von ungefähr: »Esoteriker glauben an unsichtbare Mächte, die unsere sichtbare Welt beeinflussen. Sie denken, man könne durch Bewusstseinsarbeit Einfluss auf diese höhere Ebene nehmen und damit unsere sichtbare Welt verändern. Das ist bei Verschwörungsideologien ähnlich, nur dass man hier an innerweltliche Akteure glaubt, an eine geheimnisvolle Elite, die im Hintergrund die Fäden zieht. Immer ist da etwas Geheimnisvolles. Der große Unterschied ist: Esoteriker glauben an eine transzendente Macht, während Verschwörungsgläubige denken, dass die geheimnisvollen Drahtzieher hier auf Erden sind.«

Wenn nahe Angehörige oder Freunde mehr und mehr in drastische Verschwörungserzählungen abtauchen, versteht das Umfeld oft die Welt nicht mehr und verspürt erhebliche Sorge. Wie groß die Gefahren sind, die ein solcher Glaube insbesondere inmitten einer globalen Pandemie nach sich ziehen kann, zeigt sich eben nicht nur in wissenschaftlichen Studien, sondern auch in ganz konkreten Geschichten und Schicksalen.

Der sechsundvierzigjährige britische Künstler Gary Matthews wollte nicht an die Gefahr der Pandemie glauben. Er weigerte sich, eine Maske zu tragen und Maßnahmen zur Infektionseindämmung zu folgen – egal wie sehr seine Familie ihn auch darum bat. Auf Facebook schloss er sich einer Gruppe an, in der allerhand Verschwörungserzählungen über Corona verbreitet wurden. Gary Matthews wollte rausgehen und der ganzen Welt zeigen, dass er der Regierung nicht glaubt. Doch dann wurde er krank. Nach einer Woche mit Symptomen gab er schließlich dem Flehen seiner Angehörigen nach und ließ sich auf das Coronavirus testen. Ergebnis: positiv. Bereits einen Tag später erlag er der Krankheit. Er starb allein in seiner Wohnung in Shrewsbury. Mitglieder der Facebook-Gruppe begannen daraufhin die Familie zu drangsalieren, forderten eine Autopsie und weigerten sich zu akzeptieren, dass ihr ehemaliger Mitstreiter an Covid-19 gestorben war.

Der Taxifahrer Brian Lee Hitchens und seine Frau Erin aus Florida verspürten bei Ausbruch der Pandemie Zweifel. Im Netz hatten sie gelesen, dahinter stecke eine große Verschwörung im Zusammenhang mit dem Mobilfunkstandard 5G. Eigentlich, so wurde behauptet, sei die Erkrankung ähnlich harmlos wie eine milde Grippe. »Wir glaubten, dass die Regierung sich das alles nur ausgedacht hat, um uns abzulenken«, sagte Hitchens der BBC. Die Konsequenz: Er und seine Frau ignorierten die Empfehlungen von Gesundheitsexperten. Anfang Mai 2020 erkrankte das Ehepaar schließlich. »Ich hatte gerade noch genug Energie, um uns zum Palm Beach Gardens Medical Center zu fahren, wo bei uns beiden das Coronavirus diagnostiziert wurde«, schrieb Brian Lee Hitchens später auf Facebook. »Sie haben uns sofort aufgenommen, und wir sind beide auf die Intensivstation gekommen. Innerhalb weniger Tage begann ich mich besser zu fühlen, aber bei meiner Frau wurde es immer schlimmer bis zu dem Punkt, an dem sie sediert wurde und ans Beatmungsgerät kam.« Der Taxifahrer aus Florida erholte sich nach einigen Wochen, doch seine Frau traf es viel härter. Sie war vorerkrankt, hatte Asthma und verlor schließlich den Kampf gegen das Virus. »Ich kann die Vergangenheit nicht ändern«, sagte er im Gespräch mit der BBC später. »Ich kann nur im Hier und Jetzt leben und bessere Entscheidungen für die Zukunft treffen.« An die Öffentlichkeit sei er mit seiner Geschichte auch deshalb gegangen, um andere davor zu warnen, einen ähnlichen Fehler zu begehen und das Virus zu unterschätzen.

Diese beiden Geschichten machen deutlich: Es ist absolut nachvollziehbar, dass das Umfeld meist nicht tatenlos zusehen will, wenn Angehörige oder Freunde sich immer mehr in einem gefährlichen Glauben verrennen, der ihnen langfristig schwer schaden kann. Wer sich mit Verschwörungsgläubigen im eigenen Umfeld konfrontiert sieht oder generell etwas gegen die Verbreitung von Verschwörungserzählungen unternehmen möchte, sollte sich allerdings zunächst bewusst machen, dass psychologische Mechanismen bei diesem Phänomen eine große Rolle spielen. Ein solides Verständnis der Zusammenhänge schafft eine bessere Grundlage, um dem Thema adäquat begegnen zu können. Das bedeutet nicht, dass man alles hinnehmen oder gar Verschwörungsgläubige pathologisieren sollte. Menschen sind nie nur Getriebene ihrer Umstände. Es geht vielmehr darum, sich ernsthaft mit einem Phänomen auseinanderzusetzen, das für Menschen und Gesellschaft schwerwiegende Folgen haben kann. Und das nicht erst seit der Pandemie.

Eine Impfung gegen Verschwörungserzählungen?

Es ist Ende August, und vor dem Brandenburger Tor im Herzen Berlins herrscht strahlender Sonnenschein. »Alle, die heute hier gewesen sind, können stolz sagen: Ich bin ein Berliner!«, ruft der ältere Herr im blauen Hemd staatstragend von der Bühne in Richtung einer fast 40 000 Teilnehmer zählenden Demonstration der verschwörungsideologischen Querdenken-Gruppierung. Die Menge bricht daraufhin in lauten Jubel aus. Der Redner ist kein Geringerer als Robert F. Kennedy jr., Neffe des ermordeten US-Präsidenten John F. Kennedy. Der Siebenundsechzigjährige vertritt nicht nur längst widerlegte Thesen zum Thema Impfungen, sondern verbreitet auch sehr drastische Verschwörungserzählungen – darunter die Behauptung, es gebe einen Plan, die Bevölkerung durch einen elektronischen Chip zu kontrollieren. 2016 gründete Robert F. Kennedy jr. die Organisation Children's Health Defense (ehemals World Mercury Project), welche für eine große Zahl von Anti-Impf-Werbeanzeigen auf Facebook verantwortlich war. Das US-Magazin *Politico* veröffentlichte 2019 einen offenen Brief, in dem sich seine Schwester, sein Bruder und seine Nichte von derartigen Positionen klar distanzierten. Darin heißt es: »Er hat dabei geholfen, gefährliche Falschinformationen über soziale Medien zu verbreiten, und trägt eine Mitschuld daran, dass Misstrauen gegenüber der Wissenschaft hinter Impfstoffen gesät wird.« Dies sei ihrer Ansicht nach besonders tragisch vor dem Hintergrund, dass US-Präsident John F. Kennedy zu Lebzeiten selbst ein starker Befürworter von Impfungen war und 1961 eine große Kampagne zur Bekämpfung von Kinderlähmung ausgerufen hatte.

Nicht jeder, der Impfungen ablehnt, glaubt an Verschwörungserzählungen. Wer Angst vor Nebenwirkungen hat oder das Risiko einer Erkrankung als gering ansieht, wird vermutlich nicht zur Impfung greifen. Manchmal sind es auch ganz triviale Gründe, die dafür sorgen, dass Menschen sich nicht impfen lassen, wie etwa Alltagsstress, oder aber die nächste Arztpraxis ist weit entfernt, und Termine sind schwer zu bekommen. Dennoch spielten Verschwörungsmythen bei diesem Thema schon seit dem Aufkommen von Impfungen eine große Rolle. Im neunzehnten Jahrhundert kursierte das Gerücht, Mediziner und Politiker hätten Nebenwirkungen verheimlicht, und der eigentliche Grund für die in einigen Ländern erlassene Impfpflicht seien Gewinnerzielungsabsichten von Pharmaunternehmen. Verschwörungserzählungen über das Impfen waren von Beginn an auch immer wieder antisemitisch aufgeladen. 1934 verkündete der Deutsche Impfgegner-Ärztebund, das Reichsimpfgesetz sei durch »jüdische Abgeordnete« erarbeitet worden, um Menschen zu schaden. Ähnliche antisemitische Verschwörungserzählungen kursieren auch heute noch in der Impfgegnerszene. Weitaus verbreiteter sind allerdings Narrative, bei denen behauptet wird, Wissenschaft und Pharmaunternehmen hätten sich zusammengetan, um angebliche Risiken zu vertuschen. Immer wieder wird dabei von Impfgegnern eine Studie des britischen Arztes Dr. Andrew Wakefield aus dem Jahr 1998 herangezogen, in der es heißt, es gebe einen Zusammenhang zwischen Autismus und der Impfung gegen Masern, Mumps und Röteln (MMR-

Impfstoff). Seine in der renommierten medizinischen Fachzeitschrift *The Lancet* publizierten Studienergebnisse stellten sich jedoch wenig später als falsch heraus. Zudem wurde bekannt, dass Wakefield verschwiegen hatte, dass die Klinik, an der er arbeitete, vor der Veröffentlichung 55 000 Britische Pfund an Drittmitteln von einer Anwaltskanzlei erhalten hatte, die Eltern autistischer Kinder vertrat. Laut Nachforschungen der *Sunday Times* soll der Arzt nach der Publikation von ebenjener Kanzlei mehr als 400 000 Britische Pfund bekommen haben. Obwohl weitere Wissenschaftler zweifelsfrei nachweisen konnten, dass die von Wakefield gezogenen Schlüsse falsch waren – die Studie wurde schlussendlich zurückgezogen, und er durfte später nicht mehr als Arzt praktizieren –, wird der Text bis heute von Impfgegnern als vermeintlich seriöser Beleg angeführt. Dieses Beispiel macht deutlich, welche gesellschaftliche Verantwortung wissenschaftlichen Fachzeitschriften zukommt, Einreichungen stets genau zu prüfen. Passiert das nicht, kann dauerhaft Schaden angerichtet werden. Kurz nach Veröffentlichung der irreführenden Studie brach die Zahl der MMR-Impfungen in Großbritannien deutlich ein.

Werdende Eltern, die sich im Netz über Gesundheitsthemen informieren wollen, stoßen früher oder später auf dubiose Videos und Artikel, in denen von Impfungen abgeraten wird – oft angereichert mit Horrorgeschichten darüber, was ihren Kindern andernfalls drohe. Ähnliches gilt für Menschen, die sich mit der Frage konfrontiert sehen, ob sie sich gegen Covid-19 impfen lassen sollen. Risiken, so heißt es, würden durch eine große Verschwörung in Medizin und Wissenschaft vertuscht. In solchen Situationen stellen viele sich die Frage: Wie lassen sich Fakes von Fakten unterscheiden? Und gibt es nicht vielleicht eine Möglichkeit, seine Liebsten und auch sich selbst vor Verschwörungserzählungen zu schützen?

Die WHO sprach im Februar 2020 davon, dass die Welt sich nicht nur mit einer Pandemie, sondern auch mit einer »Infodemie« konfrontiert sehe, die sich noch schneller verbreite als die Pandemie selbst und genauso gefährlich sei. Wäre es da nicht eine gute Idee, Menschen nicht nur gegen das Virus, sondern auch gegen Verschwörungserzählungen zu impfen? Ein solcher Gedanke hört sich für viele wahrscheinlich äußerst verlockend an. Denn wer schon einmal mit Freunden oder Angehörigen zu tun hatte, die sehr stark in ihrem Glauben gefestigt sind, dürfte schnell festgestellt haben: Dagegen zu argumentieren ist oft ein sehr mühsamer und zeitaufwendiger Prozess – mit geringen Erfolgsaussichten und hohem Frust-Faktor. Solch eine Impfung existiert natürlich nicht – aber es gibt Alternativen. Wer Angst hat, dass Verschwörungserzählungen in seinem privaten Umfeld verfangen könnten, mag überlegen, das Thema von sich aus anzusprechen. Denn wer vorab über die gängigsten Methoden von Verschwörungsideologen aufgeklärt wurde, bei dem schrillen in der Regel auch viel früher die Alarmglocken, wenn er sich mit solchen Inhalten konfrontiert sieht. Aber gibt es überhaupt eine Art universellen Code oder wiederkehrende Maschen, die in diesem Milieu zum Einsatz kommen? Ja, die gibt es tatsächlich.

Suggestivfragen

»Widerlegt die Frühzeit einen menschengemachten Klimawandel?«, »Massenmigration aus Afrika: Von langer Hand eingefädelt?«, »Wird die österreichische Politik von außen gesteuert?« Die Antwort auf all diese Fragen lautet »Nein«. Doch bei Besuchern der Webseite kla.tv, die auf derartige Titel von Videoproduktionen stoßen, dürfte auf den ersten Blick ein anderer

Eindruck entstehen, frei nach dem Motto: »In jedem Gerücht steckt auch ein Körnchen Wahrheit.« Hinter dem Online-TV-Sender steht der Schweizer Laienprediger Ivo Sasek, Gründer der Sekte Organische Christus-Generation (OCG). Sasek initiierte 2008 die sogenannte Anti-Zensur-Koalition, ein Forum für rechte Esoterik, Antisemitismus und Holocaustleugnung. Die Videos auf der Plattform kla.tv versprechen tagesaktuell immer neue, immer drastischere Enthüllungen zu laufenden Debatten. Im deutschsprachigen verschwörungsideologischen Milieu stoßen solche Inhalte auf großen Zuspruch. Das Stellen von provokanten Suggestivfragen – etwa in Form von reißerischen Überschriften – ist eine weitverbreitete Methode, die auch deshalb beim Publikum so gut ankommt, weil wir mit Fragen in der Regel erst einmal nichts Schlechtes verbinden. »Wir alle haben gelernt, dass Fragen ein wichtiges Instrument des Erkenntnisgewinns sind – kritische Fragen sind außerdem ein zentrales Instrument bei der Kontrolle von Obrigkeiten«, schreibt die Journalistin Ingrid Brodnig in ihrem Buch *Einspruch!*. »Es ist aber auch wichtig, darauf hinzuweisen, dass nicht jede Frage auf Erkenntnisgewinn abzielt.« Gerade Suggestivfragen werden nämlich oft strategisch eingesetzt.

Aus juristischer Sicht sind als Fragen getarnte Unterstellungen kaum angreifbar, formell betrachtet stellen sie schließlich keine Tatsachenbehauptung dar. Das erklärt auch, warum Überschriften im Fragestil besonders häufig bei Boulevardmedien zum Einsatz kommen, wenn etwa auflagenwirksam auf der Titelseite über Heirat, Krankheit oder Trennung bei Prominenten spekuliert wird. Verschwörungsideologen haben diese Masche geradezu perfektioniert. Die Verpackung drastischer Unterstellungen in Frageform soll dabei verschleiern, dass schlichtweg die Beweise für die jeweilige Behauptung fehlen. Der Fragesteller zieht sich auf die bequeme Position zurück, keine konkreten Antworten liefern zu müssen. Man fordere ja schließlich nur »Aufklärung«, heißt es gern. Gerüchte und Unwahrheiten lassen sich so sehr effektiv verbreiten. Häufig drehen sich die vermeintlich offenen Fragen dabei um Dinge, die längst geklärt worden sind. Doch wie geht man nun am besten mit so etwas um? Als Reaktion auf solche Maschen wäre es natürlich falsch, Fragen generell zu verteufeln. Trotzdem lohnt es sich, vor den Mechanismen hinter Suggestivfragen zu warnen. Wird diese Methode bei Gesprächen im privaten Umfeld eingesetzt, sollte klargestellt werden: »Nein, du fragst nicht nur, du stellst hier gerade eine sehr drastische Behauptung in den Raum, ohne Belege anzuführen.«

Cui bono?

»Cui bono?« ist lateinisch und bedeutet übersetzt »Wem nützt es?«. Mithilfe dieser unverfänglich wirkenden Frage werden häufig argumentative Kausalketten aufgebaut, die in Wahrheit keine sind. Denn nur weil jemand von einem Ereignis profitiert, bedeutet das schließlich noch lange nicht, dass er eine Verschwörung eingefädelt hat. Die Fallstricke bei dieser Art zu denken lassen sich recht einfach anhand eines Beispiels aus dem Alltag erklären: Jemand, der eines Tages einen Geldschein auf der Straße findet, profitiert offensichtlich davon, dass ein anderer etwas verloren hat. Doch das lässt keineswegs den logischen Schluss zu, dass der Finder für den Geldverlust verantwortlich sei oder den Besitzer gar ausgeraubt habe. Oder nehmen wir einmal an, ein Mitarbeiter soll eine Präsentation vor einem wichtigen Kunden halten. Aufgrund privater Probleme hat er es aber nicht geschafft, die Unterlagen rechtzeitig vorzubereiten. Nun bricht ausgerechnet am Tag des Treffens Schneechaos aus, und der Termin wird deshalb verschoben. Der Mitarbeiter atmet erleichtert auf. Trotzdem bedeutet das aber noch lange nicht, dass er das Wetter manipuliert habe.

Gerade bei Wirtschaftsthemen entfaltet diese Art der Argumentation oft eine gefährliche Eigendynamik. Da wird dann etwa behauptet, Pharmaunternehmen würden von der Corona-Pandemie finanziell profitieren, da sie Medikamente und Impfstoffe verkaufen können, und daher müssten sie auch für das Auftreten der neuen Krankheit verantwortlich sein. Statt über ungerechte Strukturen von Wirtschaftssystemen, Regulierung oder Patentrecht zu diskutieren, wird eine große Verschwörung auf den Plan gerufen, für die es schlichtweg keine Belege gibt.

Einfache und stark überzeichnete Feindbilder

Oft heißt es, Verschwörungserzählungen seien so populär, weil sie einfache Antworten liefern würden. Doch betrachtet man moderne Narrative, wie etwa die der in den USA entstandenen QAnon-Gruppierung, wird schnell klar, dass dies so pauschal nicht zutrifft. Kern dieser Ideologie ist der Glaube an eine angebliche Verschwörung, die so gut wie alles umfasst. Die Geschichte ist hyperkomplex und entwickelt sich beständig weiter, wobei aktuelle Ereignisse geschickt in das große Narrativ eingewebt werden. Mal heißt es, der Vatikan hängt irgendwie mit drin, dann steht eine Pizzeria im Fokus, und kurze Zeit später wird einer prominenten Sängerin unterstellt, an satanistischen Geheimtreffen teilzunehmen. Reichweitenstarke Influencer buhlen mit immer krasseren Geschichten um die Gunst ihrer Fans, und selbst für Anhänger ist es manchmal schwer, auf dem Laufenden zu bleiben. Zwei Dinge bleiben dabei jedoch stets unverändert: Man wähnt sich im Kampf gegen ein historisches Unrecht, und die Erlösung ist stets zum Greifen nahe.

Das Beispiel QAnon macht eines deutlich: Inhaltlich können Verschwörungserzählungen immens kompliziert sein, doch auf der emotionalen Ebene findet zugleich eine starke Vereinfachung statt. Und genau das übt auf einige Menschen eine große Anziehungskraft aus. Die angeblichen Verschwörer wirken merkwürdig eindimensional und erscheinen berechenbar in ihrer Bösartigkeit. Das geht sogar so weit, dass oft überhaupt gar nicht erklärt wird, warum die Verschwörer so handeln und welchen Vorteil sie sich dadurch versprechen. Anhänger begnügen sich damit, zu glauben, sie seien eben getrieben vom Wunsch, anderen um jeden Preis zu schaden. Verschwörungserzählungen drehen sich dabei meist um Gruppen oder Personen, die als mächtig wahrgenommen werden. Das hängt damit zusammen, dass man den vermeintlichen Verschwörern eine gewisse Macht zutrauen muss, damit sie ihren Plan in die Tat umsetzen können. Die angeblichen Rädelsführer werden infolgedessen von Verschwörungsideologen oft als übermächtig dargestellt, um die Geschichte plausibler erscheinen zu lassen. Ihre Narrative ähneln auffällig klassischen Schurkengeschichten, und vor diesem Hintergrund wundert es auch nicht, dass einschlägige Gruppierungen häufig das Bild eines Kampfes »David gegen Goliath« zeichnen. Eine derart von Schwarz-Weiß-Denken geprägte Weltsicht lässt jedoch keinen Raum mehr für Zwischentöne – und das sollte stutzig machen.

Zudem scheint die Verschwörung oft von einer Art absolut unfähigem Genie gesteuert zu werden. Denn ähnlich wie bei Bösewichten in einem Hollywood-Blockbuster werden die Täter zwar als hochintelligent, eiskalt und berechnend beschrieben, zugleich aber legen sie ohne jede Notwendigkeit für jeden ersichtliche Fährten aus, dank denen der Plan dann doch durch die Gruppe demaskiert werden kann. Beispiel gefällig? Verschwörungsideologen behaupten, Symbole auf Personalausweisen, Geldscheinen oder ein an ein Pentagramm erinnerndes Muster im Straßennetz von Washington, D. C., wären ein untrügliches Zeichen dafür, dass die Welt angeblich von Geheimgesellschaften regiert werde. Warum die Verschwörer, bei all der Macht, die sie angeblich haben, nicht weniger auffällige Wege nutzen, um miteinander zu kommunizieren, bleibt dabei eine ungeklärte Frage. Hier zeigt sich ein bekanntes Muster aus der psychologischen Forschung: Verschwörungsgläubige neigen dazu, Muster zu sehen, wo keine sind.

Angstrhetorik

Die dramatischen Bilder der Stürmung des US-Kapitols im Januar 2021 gingen um die Welt. Trump-Anhänger drangen – aufgestachelt durch den Glauben an einen angeblichen Wahlbetrug – gewaltsam ins Gebäude ein, Abgeordnete verbarrikadierten sich in Todesangst in ihren Büros. Experten gehen davon aus, dass die QAnon-Erzählung im Vorfeld eine wichtige Rolle bei der Mobilisierung spielte. Die Vereidigung Joe Bidens löste ein Beben unter den Anhängern des Verschwörungskults aus. Manch einer war überzeugt, das Ende der Ära Trump werde nicht weniger als die Errichtung einer kommunistischen Diktatur auf amerikanischem Boden einläuten. QAnon erinnert in vielen Punkten an eine Sekte. Denn auch dort spielen apokalyptische Endzeit- und Erlösungsszenarien eine große Rolle.

Egal ob vermeintlicher »Untergang des Abendlandes« oder »Öko-Diktatur« – viele Verschwörungsideologen vermitteln das Bild einer Welt, die permanent am Abgrund steht. Dass solche Schreckensszenarien Einfluss auf die Art und Weise haben, wie wir Informationen aufnehmen, weiß auch Dorothee Scholz. Sie ist Psychotherapeutin für Verhaltenstherapie und hat sich auf den Umgang mit Betroffenen von Hassrede und digitaler Gewalt – auch infolge von Verschwörungserzählungen – spezialisiert. »Am Anfang steht eigentlich immer eine Bedrohung, die in den Raum gestellt wird. Da heißt es etwa: ›Wir werden alle belogen‹, oder: ›Es gibt einen großen Plan, um uns zu schaden.‹ Die konkreten Inhalte sind dabei oft austauschbar. So wird eine große Aufmerksamkeit generiert, und das ist natürlich von Vorteil für die Verbreiter. Leute werden sofort hellhörig, sie klicken auch vielleicht eher ein Video oder eine Schlagzeile an, wenn eine große Gefahr suggeriert wird. Dann haben die Verbreiter die Leute am Haken.«

Hauptsache, gegen den Strom

»Schlafschafe«, »Marionetten«, »Systemlinge« – wenn Verschwörungsideologen Andersdenkende beschreiben, ist ihre Sprachwahl für gewöhnlich wenig schmeichelhaft. Die Haltung dahinter scheint klar: »Wer nicht für uns ist, ist gegen uns«. Der Glaube an eine große Verschwörung übt auf einige Menschen auch deshalb eine derartige Anziehungskraft aus, weil man sich mithilfe derartiger Narrative über andere erheben und besonders fühlen kann. Heftiger Widerspruch wird manchmal sogar als Beweis dafür ausgelegt, dass man erst recht »etwas auf der Spur« sei, weil »die da oben« sich schließlich genötigt fühlen zu intervenieren. Hier zeigt sich das Selbstverständnis einschlägiger Gruppen: Sie sehen sich als kleine elitäre Gemeinschaft, die über besonderes Wissen verfügt und sich selbst ein Stück weit durch die Ablehnung eines vermeintlichen »Mainstreams« definiert. Eine solche Grundhaltung kann eine ganz besondere Eigendynamik zur Folge haben. Die Psychologin Cornelia Betsch und ihr Team erheben seit Beginn der Covid-19-Pandemie regelmäßig Einstellungen und Wissen zu der Viruserkrankung in der deutschen Bevölkerung. Im Rahmen dieser Studienreihe stießen sie auf ein interessantes und in der Forschung zu Verschwörungsideologien altbekanntes Phänomen: Mehr als neun Prozent der Studienteilnehmer gaben im Januar 2021 an, sie würden den folgenden zwei Verschwörungserzählungen gleichzeitig zustimmen:

- Corona ist ein Schwindel
  »Corona wurde absichtlich in die Welt gebracht, um die Bevölkerungszahl zu reduzieren.«
- Corona ist menschengemacht
  »Das Virus wird absichtlich als gefährlich dargestellt, um die Öffentlichkeit in die Irre zu führen.«

Diese beiden Verschwörungserzählungen schließen einander logisch aus – und doch gibt es anscheinend Menschen, die beides gleichzeitig glauben. Anhänger sind sich eben oft gar nicht so sicher, was denn jetzt »wirklich« passiert ist. Sicher sind sie sich allerdings in der Ablehnung der präsentierten Erklärung – welche in der Regel von vornherein verworfen wird, ohne dies aber ausführlich zu begründen. Wenn zwanghaft immer neue Geschichten bemüht werden und es scheint, als wäre der eigentliche rote Faden die Ablehnung gängiger Erklärungen um jeden Preis, kann das ein Indiz dafür sein, dass eine sachliche Auseinandersetzung mit dem Thema nicht unbedingt die höchste Priorität hat.

Pseudowissenschaft

»Cherrypicking« (zu Deutsch »Rosinenpicken«) ist eine klassische Methode zur Verbreitung von Desinformation. Gemeint ist damit ein Verhalten, bei dem gezielt nur diejenigen Studien und Belege angeführt werden, welche die eigene These untermauern, während gegenläufige Forschungsergebnisse systematisch ausgeblendet werden. Besonders drastische Formen von Cherrypicking gehören im Verschwörungsmilieu zum Standardrepertoire. Dramatische Schilderungen von anekdotischen Geschichten, die angeblich »Freunden von Freunden« passiert seien, spielen gerade im Impfgegnermilieu eine riesengroße Rolle. Einzelmeinungen von Nicht-Experten werden als Wahrheit präsentiert, während der wissenschaftliche Konsens als Teil einer angeblichen Verschwörung verunglimpft wird. Veraltete oder fehlerhafte Studien und unseriöse Quellen werden in den Himmel gelobt, quantitative Studien zu Nebenwirkungen, die den Ängsten widersprechen, hingegen verschwiegen. Der Autor Bernd Harder bringt das Problem in seinem Buch *Verschwörungstheorien: Ursachen, Gefahren, Strategien* sehr gut auf den Punkt: »Alles wird auf die Bestätigung der Verschwörungstheorie kanalisiert. Es gibt keine Abwägung Für und Wider und keine Plausibilitätsprüfung. Die These heiligt die Argumente.«

Betrachtet man den Umgang mit Studien im Impfgegnermilieu, wird ein weiteres Problem deutlich: Der Verweis auf eine beliebige Studie wird oft mit einem wissenschaftlichen Beleg verwechselt. Ob eine Studie aber wirklich wasserdicht oder längst überholt ist, können Laien schwer oder gar nicht beurteilen. Gesicherten wissenschaftlichen Erkenntnissen liegt zudem in der Regel nicht nur eine Studie zugrunde, sondern eine Vielzahl von Untersuchungen, mit denen eine Forschungsfrage auf alle relevanten Aspekte hin systematisch abgeklopft wurde. Die

Veröffentlichung der Studienergebnisse in einer im jeweiligen Forschungsfeld anerkannten Zeitschrift kann ein Hinweis darauf sein, ob es sich tatsächlich um eine hochwertige Arbeit handelt.

Fragwürdige Experten

Wenn Mediziner Verschwörungserzählungen verbreiten, kann das besonders schwerwiegende Konsequenzen haben. Der Doktortitel macht schnell Eindruck, und man fragt sich: »Ist da vielleicht doch etwas dran? Immerhin haben diese Menschen Medizin studiert und müssten sich doch auskennen.« Hierbei lohnt es allerdings, sich in Erinnerung zu rufen: Das Phänomen »Glaube an Verschwörungen« zieht sich durch die komplette Bevölkerung. Das statistische Amt der EU (Eurostat) zählte 2018 rund 1,7 Millionen praktizierende Ärzte innerhalb der Europäischen Union. Dass sich darunter einzelne finden, die Verschwörungserzählungen verbreiten, ist nicht wirklich überraschend. Es handelt sich hierbei um Minderheitenpositionen, die aber oftmals sehr lautstark verkündet werden.

Ärzte genießen ein großes Vertrauen in der Bevölkerung. Umso gefährlicher ist es daher, wenn unter Einsatz der Autorität des weißen Kittels für den Glauben an eine große Verschwörung geworben wird. In den Reihen der »Ärzte für Aufklärung«, die sich 2020 im Umfeld der verschwörungsideologischen Querdenken-Proteste in Deutschland gründeten, finden sich auch Akteure, die bereits vor der Pandemie allerhand Mythen zum Thema Impfen verbreiteten. Der Präsident der Hamburger Ärztekammer Dr. Pedram Emami wählte deutliche Worte für derartige Gruppierungen: »Ich finde es befremdlich, dass es ausgerechnet ärztliche Kollegen sind, die immer mehr ins Irreale und Ideologische abdriften. Das schadet nicht nur der

Glaubwürdigkeit des Berufsstandes. Viel wichtiger ist, dass sie damit die Gesundheit und das Wohl der Bevölkerung aufs Spiel setzen.« Aus der Tatsache, dass einzelne Mediziner Verschwörungserzählungen verbreiten, darf eben keinesfalls geschlossen werden, dass derartige Positionen von anerkannten Experten oder der Gesamtheit der Ärzteschaft geteilt werden.

Organisationen mit pseudowissenschaftlichem Anstrich werden immer wieder als Kronzeugen herangezogen, um behaupten zu können, die jeweiligen Thesen seien von Experten geprüft und bestätigt worden. Ein weiteres Beispiel dafür ist die Organisation Architects & Engineers for 09/11 Truth (AE911 Truth). Viele Verschwörungsgläubige berufen sich auf diese Gruppierung, wenn es darum geht, zu behaupten, hinter dem Anschlag auf das World Trade Center habe ein geheimer Plan gestanden. AE911 Truth wurde 2006 vom Architekten Richard Gage gegründet und vertritt die These, der Einsturz der Gebäude lasse sich auf gezielte Sprengungen zurückführen. Das Problem hierbei ist nur: Vertreter der Organisation haben über Jahre hinweg grobe Messfehler als vermeintliche Belege für ihre Behauptungen präsentiert. Bei der Argumentation beruft man sich zudem auf Quellen mit eher fragwürdiger Expertise zum Thema Wolkenkratzerbau – unter anderem einen emeritierten Theologen.

Dass fachfremde Menschen als vermeintliche Experten zur Unterstützung der jeweiligen Behauptung herangezogen werden, ist dabei kein Einzelfall, sondern vielmehr gängige Praxis. In als Dokumentationen angepriesenen Videos über angebliche Verschwörungen werden häufig Fürsprecher mit eindrucksvollen akademischen Titeln präsentiert. Eine kurze Online-Recherche fördert dabei jedoch nicht selten zutage, dass die Person in einem ganz anderen Themengebiet promoviert und gelehrt hat und darüber hinaus generell merkwürdige Thesen vertritt. In öffentlichen Diskussionen äußern sich zudem oft Personen als vermeintliche Experten, die keine Fachkenntnisse in dem jeweiligen Bereich vorweisen können. Bloße Meinungen wirken dann aber für Außenstehende schnell wie echte Expertisen. Das macht es noch einmal schwieriger, die Spreu vom Weizen zu trennen.

Immer wieder kommt es auch vor, dass bekannte Stars, Musiker oder Schauspieler Verschwörungserzählungen verbreiten. Prominente werden dabei manchmal sogar gezielt von verschwörungsideologischen Gruppierungen als eine Art Türöffner eingesetzt, um Bevölkerungsschichten zu erreichen, zu denen man sonst nicht durchdringen kann. Solche öffentlichen Solidaritätsbekundungen entfalten auch einen starken Effekt nach innen, denn aus Sicht der Anhänger wertet das die eigene Bewegung natürlich auf. Ein Tipp: Genau so, wie wir unseren Hausarzt in den meisten Fällen eher nicht für den kompetentesten Ansprechpartner beim Thema Mode halten würden, sollten wir daher auch Vorsicht walten lassen, wenn Prominente oder Influencer sich zu Themen außerhalb ihrer Expertise äußern und dabei als Beleg unseriöse Quellen anführen.

Umgang mit Kritik

Aus einer anfänglich womöglich aufrichtigen Suche nach Wissen wird bei Verschwörungsideologien zunehmend eine Glaubensfrage. Logische Inkonsistenzen werden nicht selten durch weitere Verschwörungen erklärt, fehlende Beweise werden auf die angeblich ausgeklügelte Geheimhaltung des Komplotts geschoben – wodurch nach und nach ein in sich geschlossenes Weltbild entsteht.

Verschwörungsideologen behaupten häufig, sie würden von Debatten ausgeschlossen werden. Schnell wird da auch von ei-

ner angeblich vorherrschenden »Meinungsdiktatur« gesprochen, oder es heißt, die »Lügenpresse« würde sie ignorieren.
Dabei ist die Voraussetzung dafür, dass man als Gesprächspartner bei einem Thema ernst genommen wird, eben auch die
Bereitschaft, sich mit Kritik auseinanderzusetzen. Dies findet
allerdings im verschwörungsideologischen Milieu kaum statt.
Unbequeme Faktenchecks zu den vorgebrachten Behauptungen werden pauschal als »Propaganda« verunglimpft, ohne
auf die einzelnen Punkte der jeweiligen Recherche einzugehen.
Selbst wenn Thesen zweifelsfrei widerlegt worden sind, werden
entsprechende Inhalte oft noch sehr lange weiterverbreitet.

Verschwörungsideologen beanspruchen gerne für sich, eine
besonders skeptische Haltung an den Tag zu legen. Eine gesunde Skepsis ist zunächst einmal natürlich keine schlechte Herangehensweise. Wird diese Tugend allerdings systematisch ver-
nachlässigt, wenn es um die Bewertung der eigenen Argumente
geht, sollte dies einen jedoch stutzig machen. Die Aussage, man
wolle lediglich eine »ergebnisoffene Debatte« und kämpfe gegen »Denkverbote«, führt daher in die Irre, wenn man es mit
waschechten Verschwörungsideologen zu tun hat. Von der Suche nach Wahrheit haben sich diese nämlich längst verabschie-
det – vielmehr geht es ihnen um die Verbreitung ihrer Behauptungen um jeden Preis.

Immunisierungsstrategien

Die Behauptung, Wissenschaft und Medien seien Komplizen bei
der Durchführung des jeweiligen Komplotts, ist fester Bestandteil
so gut wie jeder Verschwörungserzählung. »Die Systemmedien
werden zentral gesteuert, und auch die Wissenschaft hängt da mit
drin« – derartige Statements sollten ein absolutes Warnsignal

sein. Solche Narrative fungieren nämlich als eine Art Immunisie-
rungsstrategie gegen Kritik. Wer an eine große Verschwörung in
Medien und Wissenschaft glaubt, wird Faktenchecks von vornherein ablehnend gegenüberstehen. Ein Verschwörungsideologe,
dem es gelingt, jegliche Kritik als Teil einer Verschwörung zu
verunglimpfen, schafft sich eine ganz schön bequeme Welt: eine
Welt nämlich, in der ein Einzelner entscheidet, was wahr ist. Eine
Welt, in der man immer im Recht ist. Und weiterhin darauf beharren kann, selbst wenn alle Fakten dagegensprechen.

Das soll kein Plädoyer sein, großen Zeitungen oder einzelnen Wissenschaftlern bedingungslos zu vertrauen, denn natürlich passieren sowohl in der Medienbranche als auch in der Wissenschaft immer wieder Fehler. Seriöse Akteure stellen jedoch
fehlerhafte Aussagen richtig und gehen offen mit Irrtümern
um – zumindest im Idealfall. Ein derartiges Verhalten wäre bei
Medien aus dem Verschwörungsmilieu undenkbar. Bei Recherchen zu bekannten Größen der Szene stößt man häufig recht
schnell auf unzählige Faktenchecks zu vergangenen Aussagen –
Richtigstellungen oder Entschuldigungen für die Verbreitung
von falschen Tatsachenbehauptungen von ihnen selbst sucht
man jedoch vergeblich.

Echte Verschwörungen als Scheinargument

Verschwörungsideologen stellen sich selbst gerne in eine Reihe
mit Enthüllern echter Missstände, wie etwa der NSA-Spionage
oder dem Watergate-Skandal. Derartige Vergleiche sind allerdings irreführend, schließlich haben diejenigen, die diese Vor-
fälle ans Licht gebracht haben, mit journalistisch wasserdichten
Methoden gearbeitet und konkrete Belege für ihre Thesen vor-
gelegt. Sie haben eben nicht blind gemutmaßt, sondern akri-

bisch Fakten zusammengetragen, bevor sie damit an die Öffentlichkeit gegangen sind. Laut dem Autor Bernd Harder verhält sich der Verschwörungsideologe »zum professionellen Historiker, Politologen, Journalisten etc. wie der Schatzsucher zum Archäologen«. In vielen Fällen bedarf es keiner großen Medienverschwörung, um zu erklären, warum bestimmte Thesen weder in großen Medien noch in der Wissenschaft diskutiert werden. Der Mangel an Belegen für die jeweilige Behauptung reicht vollkommen aus.

Eine umfängliche Impfung gegen Verschwörungserzählungen existiert nicht. Wer aber all diese gängigen Praktiken der Manipulation kennt, kann unseriöse Inhalte schneller identifizieren. Wenn Sie dieses Buch in Händen halten, sind Sie wahrscheinlich eher eine Person, die sich mit diesem Thema aktiv beschäftigt und kritisch auseinandersetzt. Das heißt, Sie investieren Zeit und auch Gehirnschmalz, um sich Wissen anzueignen und das Phänomen Verschwörungsglaube besser zu verstehen. Dieses Wissen in seinem eigenen Umfeld weiterzutragen, kann dazu beitragen, andere frühzeitig vor den Gefahren zu warnen. Das gilt übrigens nicht nur für den Umgang mit verdächtigen Inhalten. Im vorangegangenen Kapitel finden sich zahlreiche Informationen über psychologische Faktoren, die beim Glauben an Verschwörungserzählungen eine Rolle spielen können. Auch dieses Wissen sollte Teil einer »Impfstrategie« sein. Gerade beim Thema Verschwörungsglaube neigen viele Menschen zudem dazu, immer nur an andere zu denken, sich selbst aber als immun für solche Mechanismen anzusehen. Dabei ist ein kritischer Blick auf das eigene Verhalten wichtig – besonders in Krisenzeiten. Gerade weil der Glaube an eine große Verschwörung eben oft an menschliche Bedürfnisse anknüpft, die wir alle in uns tragen.

Verschollen im digitalen Kaninchenbau

An einem ganz normalen Tag im Mai 2020 bekommt die vierundsechzigjährige Jadwiga einen gehörigen Schrecken, als sie die WhatsApp-Nachricht einer engen Freundin öffnet. Es handelt sich um ein englischsprachiges Video, über das eine polnische Tonspur gelegt worden ist. Bill Gates schiebt darin gleich zu Beginn ein großes schwarzes Fass mithilfe eines Sackkarrens auf die Bühne. »In diesem Behälter befinden sich achtzig Liter Virus-Essenz. Das reicht aus, um die Bevölkerung einer Metropole wie New York zu infizieren«, erklärt der polnische Sprecher, während Gates die Lippen bewegt. Was in den darauffolgenden drei Minuten präsentiert wird, erinnert an das Geständnis eines Bösewichts aus einem zweitklassigen Hollywood-Blockbuster. Ebola sei angeblich in einem Labor hergestellt worden – auch die Freimaurer waren anscheinend informiert. Mithilfe einer Essenz aus dem Blut abgetriebener autistischer Kinder sei es nun gelungen, nicht nur ein neues Virus, sondern auch eine dazu passende giftige Impfung zu schaffen. Der Plan: Drei Milliarden Menschenleben sollen so ausgelöscht werden. Die neue Pandemie sei ein Glücksfall für die Menschheit, schließlich werde die »Neue Weltordnung« zu mehr Wohlstand für alle führen, erklärt die polnische Stimme aus dem Off, während Bill Gates in rosafarbenem Pullover auf der Bühne steht. Am Ende seiner Rede blickt er sichtlich zufrieden in die Kamera. Das Publikum im Saal applaudiert begeistert.

Nachdem Jadwiga das gut drei Minuten lange Video zu Ende angesehen hat, steht sie unter Schock. Die ungewöhnliche WhatsApp-Nachricht hat sie zu einer Zeit erreicht, in der nagende Unsicherheit und Angst infolge des Ausbruchs der Coronavirus-Pandemie ihr Leben bestimmten. »Es war eine emotional sehr belastende Situation«, erinnert sich Jadwiga. »Ich denke, das war der Grund dafür, warum das Video so überzeugend auf mich wirkte.« Ohne lange zu fackeln, leitete sie an jenem Tag die Nachricht an zwei Kontakte weiter. Einer davon war ihr Bruder. Dieser reagierte prompt: »Achtung! Das ist ein Fake!«, textete er zurück. Wenig später schickte er ihr den Link zur Originalaufnahme der Rede samt Übersetzung eines zertifizierten Dolmetschers mit der Aufforderung, sie solle das selbst prüfen, wenn sie ihm nicht glaube. Ihr Bruder spricht im Gegensatz zu Jadwiga fließend Englisch und schrieb, der polnische Sprechertext in dem reißerischen Video sei schlichtweg erfunden.

»Ich habe mir das angesehen und sofort gemerkt, dass hier alles total verdreht worden ist«, berichtet uns die Vierundsechzigjährige rund neun Monate nach dem Vorfall. »Ich war vollkommen erschüttert und fühlte mich betrogen.« Statt eines geheimen Plans zur Tötung von Milliarden Menschen ging es bei der Rede nämlich um das genaue Gegenteil: Bill Gates sprach darüber, wie sich mithilfe einer schnelleren Reaktion auf neue Krankheiten Menschenleben retten ließen. In dem Fass befanden sich keine Viren, und auch die Behauptung, Ebola sei menschengemacht, war nichts als eine Lüge. Sofort griff Jadwiga zum Telefon und erklärte einem befreundeten Ehepaar, dem sie das Video ebenfalls weitergeleitet hatte, dass es sich um eine Fälschung handele. Ihr war das Ganze unendlich unangenehm. Sie schämte sich, einem derart plumpen Fake aufgesessen zu sein.

Diese Geschichte macht vor allem eines deutlich: Bei der Verbreitung von Verschwörungserzählungen steht nicht immer eine böse Absicht dahinter. Und nicht jeder, der solche Inhalte verbreitet, ist ideologisch bereits so sehr in seinem Glauben gefestigt, dass er nicht bereit wäre, einen Irrtum einzugestehen. Jeder hat zumindest einmal die Chance einer Nachfrage verdient. So lässt sich feststellen, ob die Person bereits tief in einer Verschwörungsideologie verhaftet oder vielleicht einfach nur einer Fälschung aufgesessen ist. In letzterem Fall können Faktenchecks und Verweise auf seriöse Quellen sehr effektiv sein, und die Sache ist womöglich schnell vom Tisch. Und falls eine Art Immunisierung möglich ist: Auf Jadwiga entfaltete dieses Erlebnis genau diese Wirkung. Seitdem ist sie deutlich vorsichtiger und prüft Inhalte, bevor sie diese weiterverbreitet. Die Freundin, von der sie das gefälschte Gates-Video zugeschickt bekommen hatte, sandte ihr später noch eine weitere Videobotschaft in ähnlichem Stil. Daraufhin machte Jadwiga ihr eine sehr deutliche Ansage, dass sie solche Quellen für nicht vertrauenswürdig halte und so etwas auch nicht mehr zugeschickt bekommen wolle.

Wer sich einmal beim Verbreiten von Falschmeldungen oder Verschwörungserzählungen die Finger verbrannt hat, wird danach mehr Vorsicht walten lassen. Trotzdem wünscht sich wohl niemand so eine Erfahrung. »Meine Kinder hatten in der Schule das Fach Informatik, ich hingegen musste mir alles selbst aneignen«, erklärt Jadwiga. »Der Social-Media-Trend ist vollkommen an mir vorbeigegangen. Ich habe überhaupt nicht damit gerechnet, so etwas zugeschickt zu bekommen. Solche Fakes waren mir zu dem Zeitpunkt vollkommen neu.« Mit Unterstützung ihrer Tochter hatte sie sich zwar in die Grundlagen zur Nutzung von PC und Online-Diensten eingearbeitet. Doch ihre Kenntnisse orientieren sich vor allem daran, was sie im Alltag braucht: Textverarbeitung, Nutzung von Fotoalben und das Anschauen von Online-Videos. Medienkompetenz wird häufig vor allem mit Fokus auf Kinder und Jugendliche diskutiert. Die Vermittlung von Kernkompetenzen gerade beim Umgang mit sozialen Netzwerken ist aber für alle Bevölkerungsteile wichtig. Es kann eben einen Unterschied machen, ob man zu der Generation gehört, die mit dem Internet aufgewachsen ist, oder ob man in fortgeschrittenem Alter quasi ins kalte Wasser der Digitalisierung geworfen wurde.

»Für meine Mutter ist das Internet wie eine neue Welt, die sich plötzlich vor ihr aufgetan hat«, berichtet uns ein Freund. »Sie kann im Familien-Chat die ersten Schritte der Kinder mitverfolgen und teilt im Gegenzug Kochrezepte mit uns. Es ist total schön zu beobachten, wie sie geradezu aufblüht durch diese neuen Möglichkeiten. In letzter Zeit mache ich mir aber immer öfter Sorgen angesichts der vielen Falschinformationen im Netz – gerade zu Gesundheitsthemen, wie beispielsweise Impfungen. Was ist, wenn sie online auf Menschen stößt, die ihre Ängste ausnutzen? Was, wenn sie daraufhin Entscheidungen trifft, die ihre Gesundheit gefährden?« In solchen Situationen macht es durchaus Sinn, den nächsten Familienbesuch mit einem Crashkurs Medienkompetenz zu verbinden.

Hiermit ist keineswegs gemeint, dass man eine technische Abhandlung über das Innenleben des World Wide Web halten soll. Vielmehr geht es um einfache Grundlagen, wie etwa, dass jeder mit etwas Basiswissen und ein wenig Kleingeld in kürzester Zeit eine Webseite aufsetzen und dort alles Mögliche behaupten kann. Gerade bei sehr suggestiven Suchmaschinen-Anfragen, wie etwa »Gates Lüge Neue Weltordnung Beweise«, finden sich unter den Top-Treffern oft dubiose Seiten. Mit einer derartigen Suchstrategie lassen sich selbst für vollkommen abwegige Thesen vermeintliche Beweise finden. Ob diese stichhaltig sind, steht jedoch auf einem anderen Blatt.

Die Reihenfolge der präsentierten Suchergebnisse wird nach einer Vielzahl unterschiedlicher Parameter festgelegt: Findet sich auf der Seite häufig der gesuchte Begriff? Wird die Webseite oft von anderen Seiten verlinkt? Haben vorangegangene Nutzer nach dem Klick auf den Link dort lange verweilt, oder wurde gleich die nächste Anfrage gestartet? Diese und ähnliche Kriterien haben zur Folge, dass manchmal in den Top-Ergebnissen auch Links vorgeschlagen werden, die zu Falschmeldungen und Verschwörungserzählungen führen. Zudem handelt es sich bei den in der Liste zuoberst angezeigten Suchergebnissen oft um bezahlte Werbung – das klingt vielleicht trivial, aber vielen Menschen ist das tatsächlich nicht klar. Das gilt auch für jüngere Altersgruppen. Laut einer Studie der britischen Medienaufsichtsbehörde Ofcom aus dem Jahr 2019 identifizierten nur 34 Prozent der Jugendlichen im Alter zwischen zwölf und fünfzehn Jahren die ersten Google-Treffer korrekt als bezahlte Anzeigen – und das, obwohl entsprechende Inhalte eigentlich klar gekennzeichnet sind. Nur etwas mehr als die Hälfte der Befragten wusste zudem, dass das Geschäftsmodell von Google auf Werbung basiert.

Eine weitere wichtige Baustelle sind soziale Netzwerke und ihre Funktionsweisen. Zwar sind große Plattformen in den vergangenen Jahren stärker dazu übergegangen, Postings mit strafbaren Aussagen und auch besonders radikale Verschwörungserzählungen zu löschen oder mit Faktenchecks zu versehen. Trotzdem ist es weiterhin nicht schwer, zufällig bei Facebook, Instagram, TikTok oder YouTube über entsprechende Inhalte zu stolpern. Faktenchecks werden meist nur zu Inhalten erstellt, die besonders häufig verbreitet werden. Der Ausspruch »Wenn es nicht gelöscht oder korrigiert wurde, muss ja etwas dran sein« stimmt daher nicht. Eine hohe Zahl an Views, Kommentaren oder Likes sind ebenfalls kein gutes Kriterium für Wahrheit, denn zum einen können sich auch Lügen rasant verbreiten, und zum anderen sind solche Zahlen äußerst anfällig für Manipulation. Hinzu kommt, dass gerade hochemotionale Inhalte besonders oft auf Social Media geteilt werden, weil unsere Psyche eben so gestrickt ist, dass wir darauf stärker anspringen. Werbefinanzierte Plattformen haben zudem ein Interesse daran, Nutzer möglichst lange auf der Seite zu halten und Interaktionen anzuregen. Inhalte, die viele Reaktionen provozieren, werden daher von Plattformen oft prominent platziert – was wiederum zu mehr Klicks, Kommentaren und Interaktionen führt. So kann der Effekt noch einmal künstlich verstärkt werden. Daher ist es ratsam, insbesondere bei Inhalten, die an Emotionen wie Angst oder Wut appellieren, besondere Vorsicht walten zu lassen.

YouTube hat eine immense Bedeutung für zahlreiche verschwörungsideologische Gruppierungen. Ein ganz bestimmter Mechanismus der Plattform spielt ihnen dabei in die Hände. Die in der Seitenleiste gezeigten Vorschläge und automatischen Weiterleitungen zum nächsten Video sind daraufhin optimiert, uns möglich lange am Bildschirm zu halten. 2018 sagte YouTubes Chief Product Officer Neal Mohan bei der renommierten Technik-Messe CES, 70 Prozent der auf der Plattform verbrachten Benutzerzeit würde das Unternehmen dem Empfehlungsalgorithmus verdanken. Da die individuellen Empfehlungen sich stark daran orientieren, welche Inhalte Nutzer zuvor konsumiert haben, kann es hier zu einem verstärkenden Effekt kommen: Wer zufällig auf Videos mit Verschwörungser-

zählungen stößt, dem werden danach weitere Inhalte dieser Art vorgeschlagen. Auf unbedarfte Menschen kann es dann schnell so wirken, als wäre die Verschwörungserzählung in aller Munde, eben weil sie entsprechende Inhalte plötzlich ständig präsentiert bekommen. Dahinter steht allerdings ebendieser Mechanismus, der darauf getrimmt ist, uns möglichst lange am Bildschirm zu halten. Infolge einer breiten gesellschaftlichen Diskussion um die Rolle von YouTube bei der Verbreitung von Verschwörungs-erzählungen und Falschmeldungen wurde dieser Effekt mittler-weile zwar an vielen Stellen deutlich abgeschwächt – ganz ver-schwunden ist er jedoch nicht.

Egal ob YouTube, Facebook, Instagram oder TikTok: Es macht Sinn, sich immer wieder zu vergegenwärtigen, dass das eigene Interesse an einem ausgewogenen und differenzierten Medienkonsum an vielen Stellen in Konflikt stehen kann mit dem Bestreben von Plattformen, die Werbeeinnahmen zu ma-ximieren. Vergleicht man die auf sozialen Netzwerken verbrei-teten Informationen mit Nahrungsmitteln, ist es in etwa so, als würden uns Plattformen ständig mit Süßigkeiten und Fast Food ködern, in dem Wissen, dass wir bei so etwas eher schwach wer-den – obwohl doch eigentlich klar ist, dass uns diese Informa-tionsdiät langfristig nicht guttut.

Gerade bei komplexen technischen Themen kann es helfen, mit möglichst einfachen Beispielen und Vergleichen zu arbeiten, die den anderen bei seinem Wissensstand abholen. Etwa: »Wenn dich auf der Straße plötzlich ein vollkommen Fremder anspre-chen würde und behauptet, ein Experte für Impfungen zu sein, würdest du auch nicht denken: Dem vertraue ich mein Leben an!« Bei derartigen Diskussionen kann es zudem unabhängig vom Alter des Gegenübers hilfreich sein, eher mit Ich-Botschaf-ten zu kommunizieren. Ein Beispiel dafür wäre der Hinweis, dass man selbst auch schon einmal fast einem Fake aufgesessen ist. So wird eine gelassenere Gesprächssituation geschaffen – man gibt dem anderen das Gefühl, dass er mit seiner Unsicher-heit keineswegs allein ist. Der Ton sollte niemals belehrend sein, die Botschaft sollte vielmehr lauten: »Mir ist selbst schon einmal etwas Unangenehmes passiert, und ich möchte diese Erfahrung mit dir teilen, um dich vor ähnlichen Erlebnissen zu bewahren. Einfach, weil du mir viel bedeutest.«

Es ist wichtig, dass wir derartige Gespräche nicht erst füh-ren, wenn in Familie oder Freundeskreis bereits Verschwö-rungserzählungen kursieren. Der Arzt wartet mit einer Imp-fung schließlich auch nicht, bis jemand Symptome zeigt. Man kann außerdem anbieten, eine kleine Sammlung von seriösen Faktencheck-Webseiten als Lesezeichen zu speichern. So ist für den Ernstfall vorgesorgt, und die betreffende Person hat gleich eine erste Anlaufstelle. Darüber hinaus kann es helfen, konkrete Hilfsangebote zu machen: »Wenn du unsicher bist, kannst du mich auch gerne kurz antexten oder anrufen. Die Zeit nehme ich mir gern!«

Unser Gespräch über das manipulierte Video gab den Anstoß dafür, dass Jadwiga das Thema in ihrem Freundeskreis ansprach. Dabei stellte sich heraus, dass sie bei Weitem nicht die Einzige war, die derartige Erfahrungen machen musste. Eine Freundin hatte – ebenfalls über WhatsApp – einen Text mit allerhand Angst machenden Thesen zum Thema Impfungen erhalten. Eine andere bekam den Link zu einem Video zugeschickt, in dem ein Gebäude gezeigt wurde mit dem Hinweis, es handele sich hierbei um ein Krematorium in China, welches angeblich Teil eines großen Plans rund um die Pandemie sei. Das versetzte sie in Angst und Schrecken. »Erst viel später fand ich heraus, dass die Aufnahme manipuliert und auch der Kontext vollkommen verdreht worden war«, erklärte sie Jadwiga.

Viele Menschen empfinden große Scham, wenn sie auf derartige Meldungen hereinfallen. Hierbei kann es hilfreich sein, sich vor Augen zu halten, dass so etwas jedem passieren kann, unabhängig von Bildung, Intelligenz und Medienerfahrenheit. Wichtig ist, in solchen Fällen einen guten Umgang damit zu finden. In der Praxis bedeutet das: Entsprechende Posts auf Social Media löschen, damit nicht noch mehr Menschen darauf hereinfallen, sowie Personen warnen, denen man entsprechende Inhalte weitergeleitet oder davon erzählt hat. Abschließend lohnt es sich auch zu reflektieren: Was hat diese Thesen so anziehend gemacht? Und vor allem: Was kann ich tun, damit mir so etwas nicht noch einmal passiert?

Verschwörungserzählungen sind auf allen großen Online-

Plattformen anzutreffen. Selbst wenn Nutzer dort nicht aktiv sind, werden sie früher oder später über andere Kanäle damit in Kontakt kommen. Entweder über Messenger wie im Fall von Jadwiga oder aber in privaten Gesprächen, wo online Aufgeschnapptes dann weitergetragen wird – womöglich noch mit einer Empfehlung, sich auf bestimmten Internetseiten über die jeweilige Verschwörungserzählung selbst zu »informieren«. Aber nicht jeder Mensch, der mit solchen Geschichten in Kontakt kommt, wird diese direkt weiterverbreiten und so anderen die Chance geben, kritisch auf die Inhalte einzugehen. Es gibt auch Fälle, in denen sich eine schrittweise Radikalisierung quasi im »stillen Kämmerlein« vollzieht und Menschen sich erst dann mit entsprechenden Thesen im privaten Umfeld zu Wort melden, wenn sie bereits stark von den Inhalten überzeugt sind. Der Glaube an eine große Verschwörung kann einen gefährlichen Sog entfalten. In Online-Gruppen und auf Webseiten, die Entsprechendes verbreiten, kommen Menschen schnell in Kontakt mit weiteren Mythen. Daher gilt: Je länger mit der Intervention gewartet wird, desto schwieriger wird es in der Regel. Die schnelle Reaktion von Jadwigas Bruder war daher genau richtig.

Die Online-Welt der Verschwörungsideologien wird oft als Kaninchenbau beschrieben. Dieses sprachliche Bild geht auf die Geschichte von Alice im Wunderland zurück, in der ein junges Mädchen eines Tages einem Kaninchen in seinen Bau folgt. Daraufhin findet es sich in einer vollkommen verdrehten Welt wieder, die immer absurder wird, je tiefer es sich hineinwagt. Um mehr über das Innenleben dieser Online-Parallelwelt zu erfahren, kontaktieren wir Josef Holnburger. Er ist Politikwissenschaftler und Political Data Scientist und beobachtet rund zweitausend Telegram-Kanäle und -Gruppen, in denen Verschwörungserzählungen zu

Themen wie Migration, Corona bis hin zur Flachen Erde verbreitet werden. Seiner Meinung nach spielen Messenger beim Eintauchen in dieses Milieu eine ganz besondere Rolle: »Ich glaube, das macht noch mal was mit den Leuten. Wenn man den Kanal eines Verschwörungsideologen bei Telegram abonniert hat und er eine Nachricht schreibt, bekommt man jedes Mal eine Push-Meldung, und man muss das erst aktiv ausschalten, damit man die nicht mehr bekommt. Das ist der technische Hintergrund, warum ein Messenger vielleicht näher ist als etwa ein Forum oder Twitter, wo man oft erst aktiv reinschauen muss.«

Wer einer der vielen verschwörungsideologischen Telegram-Gruppen zum Thema Corona beitritt, wird tagtäglich mit allerhand Angst machenden Nachrichten bombardiert. »Wir durchschauen diese PLANdemie!«, heißt es dort etwa, oder: »Stoppt den Plan zur Bevölkerungsreduktion!« Besonders die starke Verbreitung von Mythen zum Thema Impfen macht dem Politikwissenschaftler große Sorgen: »Die Realität zeichnet ein völlig anderes Bild. Denn da gibt es eigentlich kaum Komplikationen bei einer Impfung. Das kommt aber bei Telegram gar nicht mehr so richtig an. Dort bestärkt man sich in einer alternativen Wirklichkeit, und das halte ich für problematisch.« Eine sachliche Debatte über mögliche Nebenwirkungen von Impfungen sucht man in solchen Gruppen vergeblich. Stattdessen wird häufig behauptet, es gäbe einen großen Plan, um die Bevölkerung systematisch zu vergiften. Dass auf jeden Fall eine große Verschwörung hinter allem stecken muss, gilt in solchen Gruppen als unumstößliche Wahrheit – auch wenn man sich in den Details nicht unbedingt immer einig ist. Wer dort Faktenchecks postet, macht sich in der Regel keine Freunde, und in einigen Fällen können kritische Fragen sogar zum Rauswurf führen. »Da heißt es oft: Meinungsfreiheit bedeutet, dass keine Meinung angegriffen werden darf«, erklärt Josef Holnburger. »Das bedeutet, wenn ich eine Meinung geäußert habe, dann darf mir keiner widersprechen. Dass aber die Möglichkeit, Widerspruch äußern zu können, zur Meinungsfreiheit eben auch dazugehört, kommt da oft nicht so richtig durch. Deswegen wird Widerspruch als Angriff auf die Meinungsfreiheit verstanden, und das macht es ein wenig paradox.«

In vielen Telegram-Gruppen und -Kanälen hat sich die Sprache im Verlauf der Pandemie zunehmend radikalisiert. Politiker, Wissenschaftler und Journalisten werden wüst beschimpft, bis hin zu konkreter Gewaltandrohung. Eine solche Absenkung der Hemmschwelle ist aus Sicht des Politikwissenschaftlers eng mit der verschwörungsideologischen Weltsicht verknüpft, in der das absolut Böse stets dem reinen Guten – also der Gruppe – gegenübergestellt wird. »Wenn man sich in dieses Mindset hineinbegibt und denkt, dass Impfungen Menschen unfruchtbar machen oder töten sollen, dann belässt man es eben vielleicht nicht bei der Demonstration vor einem Impfzentrum, sondern legt härtere Bandagen an.«

D-Day 2.0 – so lautet der Name einer Gruppe, die sich 2020 von den verschwörungsideologischen Querdenken-Protesten in Deutschland abgespalten hat. Ihr Ziel: Aktionen durchführen, die über das Format einer Demonstration hinausgehen. Die Mitglieder organisieren sich vor allem über Telegram-Gruppen. Eine erste groß angekündigte Aktion zur Blockade von Autobahnen im Januar 2021 verlief allerdings eher ernüchternd. An einigen Autobahnkreuzen stoppte die Polizei vereinzelte Autos, die durch langsames Nebeneinanderfahren den Verkehr behindern wollten. In Berlin-Schöneberg fiel die geplante Revolution kurzerhand ganz aus – eine Nutzerin beschwerte sich später auf Telegram, sie sei die Einzige gewesen.

Verschwörungsgläubige, die sich innerhalb kurzer Zeit stark radikalisieren, ernten in Freundeskreis und Familie nicht unbedingt Sympathien für ihre neuen Ansichten. Fehlende Bestätigung aus dem privaten Umfeld wird daher häufig mit Zuspruch aus der verschwörungsideologischen Gruppe kompensiert. Josef Holnburger berichtet: »Ich habe eine Sprachnachricht von einer Lehrerin gehört, die gesagt hat: ›Alle Kolleginnen wollen nicht mehr mit mir reden, und morgen wollen die sich alle impfen lassen.‹ Sie hat geweint und sich dann in der Gruppe wiederum die Bestärkung geholt, dass das, was sie macht – nämlich keine Maske zu tragen und sich nicht impfen zu lassen –, das Richtige sei.« Wenn die meisten Menschen an einschlägige Telegram-Gruppen denken, haben sie wahrscheinlich ein recht klares Bild vor Augen: Nichts als Hass, Hetze und Angst machende Botschaften am laufenden Band. Doch diese Vorstellung kann trügerisch sein. Ein Großteil der Nachrichten stammt von einem kleinen Kreis sehr aktiver Nutzer, und über die Zeit hinweg sind manchmal auch enge Freundschaften entstanden. »In einigen Gruppen werden jeden Morgen Sprachnachrichten gepostet: ›Guten Morgen, Heike!‹ – ›Guten Morgen, Thomas!‹ Und dann gibt es diese furchtbaren ›Guten Morgen, Hasi-Mausi‹-Bildchen, die man sonst nur aus WhatsApp-Gruppen in der Familie kennt. Ein nicht zu vernachlässigender Anteil der Nachrichten in regionalen Gruppen hat mittlerweile gar nicht mehr viel mit Verschwörungserzählungen zu tun, sondern es sind Nachrichten, die vielleicht auch Verbundenheit in einer schweren Zeit schaffen.« Laut dem Politikwissenschaftler Josef Holnburger hat dieses Verhalten mittlerweile solche Ausmaße angenommen, dass Gruppen wie D-Day 2.0, die konkrete Aktionen planen wollen, dazu aufriefen, derartige Postings privater Natur zu unterlassen – allerdings mit eher mäßigem Erfolg. Er hat dafür eine einfache Erklärung: »Das zeigt: Dort sind eben auch oft nur Menschen, die Nähe und Austausch suchen, dabei aber in verschwörungsideologische Gruppen abgedriftet sind, und deswegen ist es wichtig, sie da wieder rauszuholen.«

Die Betrachtung all dieser Dynamiken, die sich in verschwörungsideologischen Online-Gruppen abspielen, macht deutlich, wie wichtig es ist, möglichst frühzeitig zu intervenieren. In der eingangs geschilderten Geschichte war die Sache nach einem kurzen Faktencheck schnell geklärt. Jadwiga hatte keinerlei Kontakt mit einschlägigen Messenger-Gruppen und hat danach auch nicht gesucht. Wenn die betreffende Person jedoch bereits Anschluss an eine verschwörungsideologische Gruppierung gefunden hat, ist die Situation natürlich eine ganz andere. Schnell hat man es da nicht mehr mit einer einzelnen Verschwörungserzählung zu tun, sondern mit einem in sich geschlossenen Weltbild – und einem neuen sozialen Umfeld, das die Person in ihrem Glauben bestärkt.

Wie man Argumente gut zur Geltung bringt

Als Barbara Wimmer Ende April 2020 eine Bäckerei am Bahnhof des Wiener Randbezirks Hütteldorf betritt, ist sie in Gedanken bereits bei der Wanderung, die sie für den Tag geplant hat. Sie stellt sich in der Schlange an, betrachtet die Auslage und freut sich schon auf den Cappuccino, der ihr hier einfach immer am besten schmeckt. Plötzlich dreht sich eine andere Kundin, die vor ihr in der Schlange steht, zu ihr um und verwickelt sie in ein Gespräch.

»Sie hat mir gesagt, in Italien sind deshalb so viele Menschen gestorben, weil 5G-Masten dort schon sehr verbreitet seien. Und wenn in Österreich die 5G-Masten aufgestellt werden, dann werden wir auch alle sterben«, erinnert sich Barbara Wimmer. Die Frau weigert sich trotz der zu jenem Zeitpunkt bedrohlich steigenden Corona-Infektionszahlen, im Geschäft eine Maske zu tragen, und rückt im Verlauf des Gesprächs immer näher – sehr zum Unbehagen von Barbara Wimmer. Ihr Plan, einen ruhigen Tag in der Natur zu verbringen und das Thema Pandemie einmal kurz ausblenden zu können, scheint mit einem Mal dahin. Sie fasst sich trotzdem ein Herz und fängt an, dagegenzuargumentieren. Denn wie der Zufall es will, kennt sie sich als Technikjournalistin mit dem Thema 5G-Technologie ziemlich gut aus.

»Am Anfang habe ich versucht zu erklären, dass es in

Österreich schon mehr 5 G-Masten gibt als in Italien«, erinnert sie sich. Doch statt erleichtert auf diese Information zu reagieren, die schließlich gegen eine große Corona-5 G-Verschwörung spricht, passierte bei ihrer Gesprächspartnerin das genaue Gegenteil. »Das hat sie weniger gut aufgenommen. Dann ist sie richtig hysterisch geworden, und ab einem gewissen Punkt habe ich mich entschieden, wegzugehen.«

Noch Wochen später lässt der Gedanke an diese Geschichte Barbara Wimmer nicht los. Durch ihre Arbeit kennt sie derartige Verschwörungserzählungen nur allzu gut, das Erlebnis hat sie trotzdem nachhaltig irritiert, denn in ihrem privaten Umfeld gab es bis zu diesem zufälligen Zusammenstoß keine Berührungspunkte mit dieser merkwürdig anmutenden Parallelwelt. »Es dann wirklich mitten in Wien mitzubekommen, bei einer Alltagssituation in einer Bäckerei, war irgendwie ein besonders verstörendes Erlebnis.«

Die Behauptung, es gebe einen irgendwie gearteten Zusammenhang zwischen Covid-19 und einem Mobilfunkstandard, ist aus wissenschaftlicher Perspektive absurd. Aber Österreich ist nicht das einzige Land, in dem Verschwörungserzählungen zum Thema 5 G und Corona Fuß fassen konnten. Man findet diese Narrative weltweit. Dabei sind derartige Geschichten aus offensichtlichen Gründen hochgradig unplausibel, denn mit diesem Ansatz gäbe es keine Erklärung dafür, warum sich das Virus auch in Ländern wie dem Iran stark verbreitet hat, wo die 5 G-Technologie überhaupt nicht eingesetzt wurde. Die Popularität derart offensichtlich falscher Behauptungen ist allerdings wenig überraschend, denn bereits vor der Pandemie waren zahlreiche Falschinformationen zum Thema Mobilfunk im Umlauf, und die neue Verschwörungserzählung konnte perfekt daran andocken. Wer vorher schon überzeugt war, bei 5 G gehe es irgendwie nicht mit rechten Dingen zu, für den passt die Geschichte einer durch Funkstrahlen ausgelösten Pandemie schlüssig ins vorgefertigte Bild. Die Schweizer Esoterikerin Christina von Dreien behauptete 2019, mittels 5 G ließen sich Gedanken und Emotionen manipulieren, und Menschen würden dadurch »innerlich gegrillt«. Andere deuteten an, damit sei eine Art Fernsteuerung von Menschen möglich, und skizzierten die Horrorvision einer bedrohlichen Science-Fiction-Dystopie. Aus wissenschaftlicher Perspektive handelt es sich hierbei um wenig mehr als äußerst fantasievolle Lügengeschichten. Falschinformationen zum Thema Mobilfunk haben mancherorts dazu geführt, dass sich Bürger vehement gegen neue Funkmasten ausgesprochen haben. Dass dadurch ganze Regionen digital abgehängt zu werden drohen, wird billigend in Kauf genommen.

Laut Recherchen der *New York Times* hat der russische Staatssender Russia Today (RT) America seit 2018 massiv Ängste vor dem Mobilfunkstandard geschürt. In Sendungen hieß es, die Technologie sei ein »Verbrechen nach internationalem Recht«, dazu passend wurden Tipps gegeben, »wie man die Gefahren von 5 G überlebt«. Es spricht vieles dafür, dass es sich hierbei um gezielte Desinformation handelte. Zeitgleich drängte der russische Präsident Wladimir Putin auf einen Ausbau der 5 G-Infrastruktur im eigenen Land und lobte deren Vorzüge. Ein ähnliches doppeltes Spiel ließ sich übrigens auch bei der Berichterstattung über die Pandemie in Europa beobachten. Einerseits bot der deutschsprachige Ableger von Russia Today immer wieder Corona-Verharmlosern, Impfgegnern und Verschwörungsideologen ein Podium, andererseits wurde die Notwendigkeit der Pandemie-Eindämmung – zumindest für Russland – nicht infrage gestellt und die Impfstrategie im eigenen Land überschwänglich gelobt.

Wer sich aus heiterem Himmel mit Verschwörungserzählungen zum Thema 5G und Corona konfrontiert sieht, hat all diese Informationen mit großer Wahrscheinlichkeit nicht zur Hand. Online gibt es zwar unzählige Faktenchecks, doch was nützen die, wenn dieses Wissen ausgerechnet in dem Moment fehlt, in dem es darauf ankommt? Die eingangs geschilderte Begegnung von Barbara Wimmer macht außerdem deutlich, dass selbst umfassende Kenntnisse zum Gegenstand der jeweiligen Verschwörungserzählung kein Garant dafür sind, den anderen auf die Schnelle überzeugen zu können. Lohnt es sich überhaupt, in solche Diskussionen einzusteigen? Schließlich ist es meist absehbar, dass derartige Gespräche mühsam, aufreibend und alles andere als einfach werden dürften. Gerade im privaten Umfeld besteht zudem das Risiko, dass man sich damit nicht unbedingt Freunde macht und später womöglich sogar der Haussegen in der eigenen Familie schief hängt. Wäre es da nicht deutlich einfacher, solche potenziellen Konflikte zu umschiffen und einfach zu schweigen?

Viele Menschen zögern in derartigen Situationen, weil sie Angst haben, etwas Falsches zu sagen. Schließlich ist man ja selbst auch manchmal unsicher, was nun genau richtig ist, und kennt sich im jeweiligen Thema vielleicht nicht umfassend aus. Wenn jemand beispielsweise über 9/11-Verschwörungserzählungen spricht, sind manche Punkte einfach zu widerlegen. Für andere Fragen in diesem Zusammenhang braucht man aber eigentlich Fachkenntnisse zu Statik und Bauwesen, um auf Anhieb fundiert argumentieren zu können. Die stille Hoffnung aber, das Problem werde sich irgendwie von allein lösen, kann trügerisch sein. Es spricht viel dafür, möglichst frühzeitig zu reagieren, denn der Glaube an eine einzelne Verschwörungserzählung kann dazu führen, dass über die Zeit hinweg weitere, womöglich noch drastischere Behauptungen für plausibel gehalten werden. Es macht eben einen Unterschied, ob man es mit einem einzelnen Video zu tun hat oder ob man sich der unüberwindbar wirkenden Mauer eines gefestigten geschlossenen Weltbilds gegenübersieht, welches über Wochen und Monate hinweg aufgebaut wurde. Abzuwarten ist eine riskante Strategie, denn je gefestigter eine Person in ihrem Glauben ist, desto schwieriger wird es in der Regel, mit Argumenten zu ihr durchzudringen. Besonders wenn einem etwas an dem anderen Menschen liegt, ist es daher ratsam zu handeln.

»Man kann ohnehin primär dann über schwierige Themen diskutieren, wenn man bei der anderen Person einen Beziehungskredit hat«, gibt die Psychotherapeutin Dorothee Scholz zu bedenken. »Beziehungskredit bedeutet, dass man in einer positiven Beziehung zueinander steht und die Gesprächsatmosphäre von Wertschätzung und Vertrauen geprägt ist. Das ist beispielsweise der Fall, wenn man vorher im Gespräch einen positiven Einstieg hatte oder im größeren Maße auch, wenn man mit der Person befreundet ist. Denn Entwicklung ist eher in einem Klima möglich, das Akzeptanz und Konfrontation in einer guten Balance hält.« Im Vergleich zu einem zufälligen Zusammenstoß, beispielsweise in einer Bäckerei, ist man bei Interventionen im eigenen Umfeld also klar im Vorteil, schließlich gibt es hier ein bestehendes Vertrauensverhältnis, auf dem sich aufbauen lässt. Hinzu kommt, dass man die andere Person in der Regel ganz gut einschätzen kann, denn wir kennen die grundlegenden Werte und Einstellungen unserer engen Freunde und wissen, ob sie eher sachlich oder emotional argumentieren. Verschwörungserzählungen gehen außerdem oft mit einem Vertrauensverlust in Institutionen einher, wie beispielsweise Medien, Wissenschaft und Politik. Ein Gespräch mit einer Vertrauensperson kann daher manchmal einen stärkeren Anstoß für ein Überdenken geben als fundierte Expertenmeinungen. Besonders dann, wenn Verschwörungsgläubige an einem Punkt angelangt sind, an dem sie ihre Informationen hauptsächlich aus unseriösen Quellen beziehen, ist das private Umfeld unter Umständen das letzte verbleibende Korrektiv, welches überhaupt noch andere Perspektiven aufzeigen kann.

Wir würden Ihnen gerne mitteilen können, dass es nur einiger einfacher Kniffe bedarf, um Verschwörungsgläubige schnell und unkompliziert umzustimmen. Doch ein solches Patentrezept existiert leider nicht. Es gibt keinerlei Garantie dafür, dass eine Intervention erfolgreich sein wird, egal wie klug und umsichtig man auch argumentiert. Derartige Diskussionen können zudem äußerst aufreibend und emotional belastend sein. Seine eigene Meinung revidieren zu müssen und Fehler einzugestehen ist nie leicht – das gilt auch für Anhänger von Verschwörungserzählungen. Die meisten Menschen kennen dieses nagende Gefühl der Scham, wenn man sich öffentlich korrigieren muss. Vor allem, wenn einem andere dabei zugesehen haben, wie man sich immer mehr in etwas verrannt hat, ist das alles andere als angenehm. Trotzdem ist ein schnelles Eingreifen besonders dann ratsam, wenn Verschwörungserzählungen in größeren Gruppen verbreitet werden, wie etwa beim Elternabend, in der Schule, in der Yoga-Gruppe oder beim Familienessen. In solchen Situationen sollte man sich allerdings klarmachen, was ein realistisches Ziel von Gegenrede sein kann. Bei Streitgesprächen vor einer Gruppe nehmen die meisten Menschen eine deutlich stärkere Verteidigungshaltung ein. Statt zu erwarten, den Verschwörungsgläubigen vor Publikum zum Einlenken zu

bewegen, sollte der Fokus daher vielmehr darauf liegen, ein Signal an die stummen Zuhörer zu senden, das da lautet: »Nicht jeder glaubt so etwas. Es gibt gute Argumente, die dagegensprechen.« Eine derart veränderte Perspektive senkt auf emotionaler Ebene die Hürde für eine Intervention, und oftmals ist es gar nicht entscheidend, ob man in der Lage ist, aus dem Stegreif alle Fakten zu liefern. Der simple Einwand, dass es sich um eine unseriöse Quelle handelt oder dass man die Geschichte wenig überzeugend findet, kann bereits die Wahrnehmung innerhalb der Gruppe stark beeinflussen. Eine Reaktion, egal wie sie aussieht, ist daher meist besser als Schweigen, denn Letzteres wird womöglich sogar als Zustimmung gewertet.

Wenn Verschwörungserzählungen im Familien-Chat oder

der Messenger-Gruppe vom Sportverein verbreitet werden, besteht zusätzlich die Möglichkeit, zunächst die betreffende Person per Privatnachricht anzuschreiben und ihr mitzuteilen, dass es sich bei den von ihr verbreiteten Inhalten um falsche Tatsachenbehauptungen handelt. So lässt man dem anderen die Chance, sich öffentlich selbst zu korrigieren. Wichtig ist, dass man hierbei nicht direkt konfrontativ vorgeht. Vielfach teilen Menschen Informationen aus guten Intentionen heraus und haben schlichtweg nicht gemerkt, dass es sich um eine Falschmeldung handelt. Eine Reaktion, die dies berücksichtigt, könnte etwa so aussehen: »Ich habe gesehen, du hast eine Warnung über WhatsApp geteilt. Bei solchen Informationen ist es manchmal schwer, Falschmeldungen zu erkennen. Ich wollte dich nur informieren, dass die Aussage so nicht stimmt.« Hilfreich ist hierbei der Verweis auf Faktenchecks oder seriöse Quellen, damit die betreffende Person das auch eigenhändig nachprüfen kann. Wenn eine Richtigstellung aber verweigert wird, ist es ratsam, sich gegenüber der Gruppe klar zu positionieren. Denn nur so lässt sich verhindern, dass die Verschwörungserzählung bei weiteren Personen verfängt. Egal ob Zwiegespräch oder Gruppendebatte: Wer schweigt, erspart sich womöglich kurzfristig viel emotionalen Stress. Langfristig steigt aber auch das Risiko, dass ein Verschwörungsglaube im eigenen Umfeld die Oberhand gewinnt und spätere Debatten um einiges mühsamer werden.

Zeichnet sich mehr Gesprächsbedarf ab, weil die Person schon sehr überzeugt von ihren Thesen ist, dann ist es ratsam, die ausführliche Diskussion in ein Vieraugengespräch auszulagern. Da es sich oft um hochemotionale Themen handelt, verwundert es nicht, dass viele Menschen hierbei dazu neigen, direkt auf Angriff zu schalten. »Das ist eine Verschwörungserzählung! Wie kannst du nur so einen Quatsch glauben? Ich habe dich eigentlich für klüger gehalten!«, wird dem anderen dann etwa entgegengeschleudert. Auch wenn solche Aussagen vielleicht genau das widerspiegeln, was einem in diesem Moment durch den Kopf geht, ist ein derart rabiates Vorpreschen trotzdem nicht zu empfehlen. Versuchen Sie, sich vor solchen Gesprächen stets daran zu erinnern, in welchen Situationen Sie von anderen davon überzeugt wurden, die eigene Meinung zu hinterfragen. Höchstwahrscheinlich war das eher nicht die Art von Debatten, bei denen Sie eingangs erst einmal abgewertet wurden. Verletzende Worte bis hin zu Beleidigungen beschwören im anderen nicht nur eine instinktive Abwehrhaltung herauf, sondern haben womöglich auch zur Folge, dass dieser anschließend eine ähnliche Sprache wählt. Wer so startet, findet sich meist innerhalb kürzester Zeit in einer Sackgasse wieder. Auch wenn es oft schwerfällt, gilt es daher, sich selbst zu zügeln. Das heißt: Nicht in einen argumentativen Angriffsmodus verfallen, Abwertungen vermeiden und bloß nicht das Gefühl vermitteln, von oben herab zu dozieren. »Der Ton macht die Musik« – wer sachlich und ruhig argumentiert, unterstreicht seine Argumente viel effektiver als durch Lautwerden und emotionale Abwertung. Hierbei ist es allerdings wichtig zu differenzieren: Was ist eine Abwertung, und was ist eine klare Haltung? Zu sagen »Das überzeugt mich nicht«, ist eine nüchterne Bewertung, die man dem anderen zumuten kann. Dass man eine ganz andere Meinung hat, sollte klar kommuniziert werden.

Viele Verschwörungserzählungen schüren außerdem Hass gegen Einzelpersonen oder Gruppen, bis hin zu offen rassistischen und antisemitischen Weltbildern. Da die Verbreitung solcher Mythen für die als »Feind« oder »Verschwörer« markierten Menschen furchtbare Konsequenzen haben kann, sollte bei derartigen Äußerungen eine rote Linie gezogen werden. Bei aller Dialogbereitschaft gilt es, menschenfeindliche Aussagen stets auch als solche zu benennen.

Zu Beginn jeder Intervention steht zunächst eine sorgfältige Sondierung der Lage an. Es macht schließlich einen großen Unterschied, ob jemand eine Verschwörungserzählung nur aufgeschnappt hat oder aber in seinem Glauben gefestigt ist. Daher lohnt es sich zu fragen, wann die Person das erste Mal auf entsprechende Behauptungen gestoßen ist und wie der Prozess der Meinungsänderung danach konkret ausgesehen hat. Erst dieses Wissen gibt einem ein Gespür dafür, mit was für einer Gemengelage man es überhaupt zu tun hat: Ist es mit einem einfachen Faktencheck getan, oder muss man sich auf langwierige Debatten einstellen? Wer das erste Mal bewusst mitbekommt, dass ein Freund oder Angehöriger Derartiges verbreitet, kann nur mutmaßen, ob es sich um eine unüberlegte Äußerung handelt oder ob dahinter eine tiefere Überzeugung steckt. Gerade weil diese Unterscheidung aber essenziell für das Verständnis der Haltung des anderen ist, sollten entsprechende Fragen möglichst an den Beginn einer Diskussion gestellt werden.

Im nächsten Schritt gilt es herauszufinden, woran der andere konkret glaubt. Das ist insofern wichtig, als von jeder Verschwörungserzählung unzählige Varianten existieren. Nehmen wir als Beispiel Geschichten rund um das Attentat auf das World Trade Center: Während die einen meinen, die Türme seien einer gezielten Sprengung zum Opfer gefallen, verbreiten andere, die US-Regierung habe über die Angriffspläne insgeheim Bescheid gewusst und sich entschieden, die Katastrophe nicht zu verhindern. Innerhalb des Verschwörungsmilieus sind Anhänger sich eben keineswegs immer einig, und konkurrierende Narrative werden nicht selten als »Verschwörungstheorie« bezeichnet. Wer beispielsweise denkt, die Wissenschaft habe sich verschworen, um die Gefährlichkeit von Covid-19 übertrieben darzustellen, tut Geschichten rund um Gedankenkontrolle und Zwangsimpfungen womöglich als reine Fantasie ab. Ein vorschnelles Urteilen kann dazu führen, dass Verschwörungsgläubige gleich zu Beginn des Gesprächs das Gefühl vermittelt bekommen, man wolle sie in eine Schublade stecken, mit der sie sich überhaupt nicht identifizieren – ein denkbar schlechter Start für eine Diskussion. Daher gilt es zunächst sorgfältig abzuklopfen, womit man es eigentlich zu tun hat.

Außerdem ist es ratsam, möglichst frühzeitig herauszufinden, welche Quellen als zentrale Säule für den jeweiligen Glauben fungieren. Während die einen Influencer nennen, beziehen andere ihre Informationen aus Büchern, Online-Artikeln oder YouTube-Videos. Als Dokumentation angepriesene, teils aufwendig produzierte Videoproduktionen spielen im Verschwörungsmilieu eine herausgehobene Rolle. In schnellen Schnitten werden zahlreiche Behauptungen, Zitate und vermeintliche Belege aneinandergereiht, sodass die präsentierten Thesen für Laien auf den ersten Blick einleuchtend erscheinen. Erst bei näherer Betrachtung fallen unseriöse Quellen, tendenziöse Auslassungen und grobe logische Fehler auf. Bei Verschwörungserzählungen rund um 9/11 ist etwa der Film *Loose Change* des Regisseurs Dylan Avery äußerst populär. Einige Anhänger von Mythen zum Thema Impfen berufen sich auf den 2016 veröffentlichten Film *Vaxxed*, bei dem der in der Impfgegnerszene bekannte ehemalige britische Arzt Andrew Wakefield Regie führte. Wer an eine angeblich drohende »Neue Weltordnung« (NWO) glaubt, wird vermutlich die Filme *Zeitgeist – The Movie* oder *Endgame* kennen. Zu all diesen online millionenfach angeschauten Filmen existieren ausführliche Faktenchecks, die sich detailliert mit den aufgestellten Behauptungen auseinandersetzen. Wer frühzeitig die wichtigsten Quellen für die Überzeugung des anderen identifiziert, kann vorab gezielt nach Hilfestellungen im Netz suchen und sich bei Diskussionen konkret darauf beziehen. Es kann allerdings passieren, dass Verschwörungsgläubige derartige Fragen abblocken, indem sie etwa dazu raten, sich einfach »bei Google selbst zu informieren«. In solchen Situationen gilt es jedoch, beharrlich zu bleiben und darauf zu pochen, dass man sich dafür interessiert, wie der andere zu seiner Überzeugung gekommen ist und worauf er seine Annahmen stützt.

Ein gefestigtes verschwörungsideologisches Weltbild geht meist mit einer umfassenden Ablehnung seriöser Medien und Wissenschaft einher. In der Praxis stößt man aber nur selten auf derart extreme Ausprägungen. Bevor die konkrete Argumentationsstrategie zurechtgelegt wird, sollte man sich daher zunächst ein Bild davon verschaffen, wie es um das Vertrauen des Gegenübers in Medien und Wissenschaft bestellt ist. Die Autorin Ingrid Brodnig gibt in ihrem Buch *Einspruch!* zu bedenken, es könne etwa sein, »dass ein Familienmitglied zwar sehr skeptisch gegenüber ›den Medien‹ oder ›der Wissenschaft‹ ist, aber trotzdem seit Jahrzehnten eine Lokalzeitung liest und ihr gegenüber grundsätzlich positiv eingestellt ist«. Wer in seiner Argumentation mit Beiträgen aus Medien arbeiten will, sollte sich zudem vorab klarmachen, dass auch die politische Orientierung bei der Frage des Vertrauens durchaus eine Rolle spielen kann. Menschen mit konservativer Haltung könnten eine eher als links eingeordnete Zeitung womöglich als unglaubwürdige Quelle abtun. Ähnliches lässt sich auf zitierte Experten und bekannte Persönlichkeiten übertragen. Personen, die Meinungen vertreten, die näher an unseren eigenen Wertvorstellungen liegen, sprechen wir oft auch in anderen Themenbereichen eine größere Kompetenz zu. Wer in Diskussionen Quellen und Experten anführt, die beim anderen einen Vertrauensvorschuss genießen, wird es daher in der Regel leichter haben.

Anhänger von Verschwörungserzählungen investieren oft sehr viel Zeit in die Beschäftigung mit dem jeweiligen Themengebiet. In Debatten wird das Umfeld nicht selten mit einer ganzen Flut vermeintlicher Belege bombardiert. Manch einer lässt sich davon verunsichern, denn wer hat schon die Zeit und die Energie, all das eigenhändig zu prüfen? Vor allem, wenn es sich um Themen handelt, bei denen man nun einmal kein Experte ist. Faktenchecks können in solchen Situationen immens entlasten, weil sie dezidiert auf einzelne Behauptungen eingehen und diese dann Stück für Stück auseinandernehmen. Mittlerweile gibt es unzählige Initiativen und Webseiten, die sich auf die Prüfung von Falschmeldungen spezialisiert haben. Correctiv ist eine solche Organisation, die sich vor allem auf Inhalte aus dem deutschsprachigen Raum fokussiert und hierfür auf großen Plattformen wie Facebook, YouTube, Instagram und Whats-App falschen Tatsachenbehauptungen nachspürt. Die stellvertretende Leiterin des Faktencheck-Teams Alice Echtermann berichtet uns in einem Gespräch, dass mit Verschwörungserzählungen verwobene Falschinformationen in ihrer Arbeit eine große Rolle spielen: »Es wurde etwa behauptet, dass Bill Gates hinter allem stecken könnte. Und da wurden dann eben ganz konkrete Behauptungen aufgestellt. Zum Beispiel, dass es eine Übung gegeben habe, also so eine Art Testlauf für die Pandemie. Dazu haben wir dann einen Faktencheck gemacht, weil es konkrete Fakten gab, die man prüfen konnte. Fand diese Übung also statt, wer hat sie durchgeführt und warum eigentlich?« Der vermeintliche Testlauf stellte sich bei der Recherche als harmloses

Planspiel bei einer Veranstaltung namens Event 201 heraus, zu welcher das Johns Hopkins Center for Health Security gemeinsam mit dem World Economic Forum und der Bill & Melinda Gates Foundation eingeladen hatte. Bei dem Gedankenexperiment ging es um das Szenario einer möglichen Pandemie, verursacht durch ein neuartiges Coronavirus – welches allerdings völlig andere Eigenschaften aufwies als SARS-CoV-2, der Auslöser von Covid-19. Die Veranstalter des 2019 abgehaltenen Treffens wollten damit aufzeigen, wie Regierungen klug auf eine derartige Bedrohung reagieren können. Hierzu muss man wissen: Experten haben seit vielen Jahren davor gewarnt, dass neuartige Virusmutationen eines Tages eine Pandemie ähnlich der Spanischen Grippe auslösen könnten. Coronaviren als möglichen Risikofaktor zu sehen war naheliegend, schließlich wurde die 2002 erstmals in Asien aufgetretene Infektionskrankheit SARS ebenfalls durch ein damals neuartiges Coronavirus (SARS-CoV-1) ausgelöst. Vor diesem Hintergrund ist es also wenig erstaunlich, dass solche Szenarien bereits vor Ausbruch der Corona-Pandemie in der Fachwelt diskutiert wurden. Rückblickend stellt sich vielmehr die Frage, warum den Warnungen der Experten so wenig Beachtung geschenkt wurde.

Was lässt sich aus der Arbeit von Faktencheckern für den Umgang mit Verschwörungserzählungen im eigenen Umfeld lernen? »Man stuft Sachen nicht immer nur als falsch und richtig ein, sondern es gibt verschiedenste Möglichkeiten von Täuschung oder Irreführung«, so Alice Echtermann. Tatsächlich kommt nur eine Minderheit der Faktenchecks bei Correctiv zu dem Urteil »falsch« oder »frei erfunden«. Bei vielen Recherchen stellen die Journalisten vielmehr fest, dass einzelne Elemente einer Geschichte durchaus der Wahrheit entsprechen, dann aber doch vieles hinzugedichtet wurde. Verschwörungserzählungen funktionieren ähnlich, denn nur in Ausnahmefällen lässt sich sagen, dass alle angeführten Belege frei erfunden sind. Vielmehr werden meist seriöse und unseriöse Quellen vermengt, Mutmaßungen über angebliche Zusammenhänge zwischen Ereignissen angestellt und darauf basierend falsche Schlüsse gezogen. Häufig spielt auch der Kontext von Informationen eine Rolle. Bei Zitaten kommt es immer wieder vor, dass Aussagen aus dem Zusammenhang gerissen werden und so eine vollkommen andere Bedeutung bekommen. Eine solche Unterscheidung sollte auch bei Diskussionen im privaten Umfeld nicht unter den Tisch fallen, schließlich lässt sich so besonders gut vermitteln, warum es wichtig ist, stets sehr genau hinzuschauen und jede Behauptung und Quelle einzeln zu prüfen.

Laut der Faktencheckerin ist es außerdem wichtig, darauf zu achten, falsche Behauptungen so wenig wie möglich zu wiederholen: »Man wiederholt sie natürlich einmal, um zu sagen: Das ist jetzt das, was ich widerlegen will. Aber man sollte dem nicht zu viel Raum geben.« Der Grund für dieses Vorgehen ist schnell erklärt: Informationen, die auf uns vertraut wirken, erscheinen uns intuitiv eher als wahr – hierbei spricht man auch vom »Scheinwahrheitseffekt«. Daher ist es bei Diskussionen ratsam, die vorgebrachten Fakten möglichst in den Vordergrund zu stellen. Wer etwa sagt, »Dass es einen geheimen Test für die Pandemie durch Bill Gates gab, stimmt nicht«, wiederholt und bewertet zwar die Falschmeldung – ohne aber eine Erklärung dafür zu liefern, woher dieses Gerücht kommt, was genau daran falsch ist und wie es sich eigentlich wirklich zugetragen hat.

Man kann sich die Struktur einer kompakten Widerlegung wie ein Sandwich vorstellen. Zu Beginn sollten kurz und präzise die Fakten genannt werden, gefolgt von der Behauptung, die es zu widerlegen gilt. Hierbei ist es allerdings wichtig, darauf zu

achten, dass Falschaussagen klar markiert und nicht unnötig ausgeschmückt oder wiederholt werden. Darauf folgt die Erklärung, warum die Behauptung nicht stimmt. Abschließend sollten die Fakten noch einmal wiederholt werden. Im konkreten Fall der Verschwörungserzählung zu Corona und 5G könnte das etwa wie folgt aussehen:

1. *Covid-19 wird durch Coronaviren ausgelöst, und diese verbreiten sich vor allem in Form von Aerosolen über die Luft, etwa wenn jemand in einem geschlossenen Raum niest.*
2. *Die falsche Behauptung, Covid-19 würde durch Funk ausgelöst werden, kann daher nicht stimmen, weil*
3. *Viren nicht durch Funkwellen übertragen werden und*
4. *Covid-19 durch Coronaviren ausgelöst wird.*

Diese sehr kompakte Version kann natürlich erweitert werden, indem beispielsweise genauer erklärt wird, worauf der jeweilige Trugschluss beruht – etwa logische Fehler oder veraltete

Studien. So werden nebenbei noch generelle Kompetenzen zur kritischen Bewertung von Inhalten vermittelt, die sich auch in anderen Kontexten anwenden lassen.

Wer bei einer Widerlegung betont, wie es sich tatsächlich zugetragen hat, ist klar im Vorteil. Denn so kann der andere gerade bei Ursache-Wirkung-Zusammenhängen falsche Informationen leichter und nachhaltiger durch die angeführten Fakten austauschen. Dabei ist es von zentraler Bedeutung, dass insbesondere bei komplexen Zusammenhängen eine möglichst einfache Sprache gewählt wird. Zur besseren Veranschaulichung können Infografiken oder Videos genutzt werden.

Obwohl das Rezept für eine gute Widerlegung also eigentlich recht simpel ist, stößt man immer wieder auf Medienberichte über Verschwörungsideologen, in denen falsche Tatsachenbehauptungen unwidersprochen stehen gelassen werden. Alice Echtermann ärgert so etwas: »Mir wäre es total wichtig, dass man sich bei jedem Bericht, in dem derartige Thesen wiederholt werden, zumindest kurz die Mühe macht, das inhaltlich einzuordnen.«

Es erscheint eher fraglich, dass überzeugte Anhänger von Verschwörungserzählungen von sich aus Faktenchecks ansteuern. Die Arbeit von Faktenfindern wird in der verschwörungsideologischen Szene zudem oft gezielt angegriffen und delegitimiert. Dass die Ergebnisse ihrer Arbeit allerdings trotzdem positiv auf Diskussionen im Privaten einwirken, bekommt das Team von Correctiv regelmäßig durch Rückmeldungen der Leser gespiegelt. »Danke für eure Faktenchecks, die geben mir immer Argumente gegen meine Ehefrau«, heißt es da etwa, oder: »Ich konnte in meinem persönlichen Umfeld damit schon so manchen überzeugen.«

Es ist vollkommen nachvollziehbar, wenn sich Freunde und Angehörige im ersten Moment angesichts der Flut aus vermeintlichen Belegen überfordert fühlen, die Anhänger von Verschwörungserzählungen zur Verteidigung ihrer Thesen präsentieren. Anstatt sich davon verunsichern zu lassen, kann man die Diskussion auch einfach vertagen: »Das hört sich für mich erst einmal unplausibel an. Ich möchte mir das in Ruhe anschauen.« Anschließend sollten dann Faktenchecks konsultiert werden, mit denen man den anderen bei der nächsten Gelegenheit konfrontieren kann.

»Verschwörungstheorien basieren nicht auf Fakten, sondern allerhöchstens auf Indizien«, gibt Alice Echtermann allerdings zu bedenken. »Wenn man einzelne Indizien zu Fall bringt, stürzt das ganze Gebäude noch nicht ein. Die jeweilige Theorie fußt ja sehr oft auf der Annahme, dass etwas geheim ist und vertuscht wird.« Trotzdem können Faktenchecks oft Zweifel säen – und das ist ein wichtiger erster Schritt. In Bezug auf die Frage, ob man damit auch zu langjährigen Anhängern von Verschwörungserzählungen durchdringen kann, macht sich die Journalistin allerdings keine Illusionen: »Es gibt Einzelne, die sagen: ›Euer Faktencheck interessiert mich überhaupt nicht. Das ist alles gelogen, was ihr schreibt, und ich bleibe einfach bei meiner Meinung.‹ Wir glauben aber, dass diese Menschen nur einen kleineren Anteil ausmachen. Wenn etwas viral geht im Internet, dann geht es nicht viral unter harten Verschwörungsgläubigen, sondern unter ganz normalen Menschen. Die wollen wir erreichen, und das schaffen wir, glaube ich, auch.«

In einigen Situationen braucht es aber noch nicht einmal detailliertes Fachwissen, um mehr Sachlichkeit in eine Diskussion zu bringen. Verschwörungserzählungen neigen dazu, die Welt in Schwarz und Weiß, Gut und Böse einzuteilen. Da wird dann etwa schnell über »die Medien« oder »die Politik« hergezogen. Bei derartigen Pauschalisierungen kann das Umfeld reingrätschen und fragen, ob man es sich wirklich so leicht machen kann, alle über einen Kamm zu scheren. Niemand zieht etwa in Zweifel, dass auch Journalisten Fehler unterlaufen und einige Zeitungen mehr Wert auf Seriosität legen als andere – aber lässt sich daraus ableiten, dass man allen Medien grundsätzlich misstrauen sollte? In der Politik gibt es immer wieder Korruptionsskandale, und die Reaktionen darauf lassen oft zu wünschen übrig – aber sollte man daraus schließen, dass auch die lokale Kreistagsabgeordnete, die sich für Projekte im eigenen Dorf einsetzt und für ihre Arbeit nur eine symbolische Aufwandsentschädigung bekommt, insgeheim eine böswillige Agenda verfolgt? Derartige Differenzierungen sind wichtig, da so langfristig angeregt wird, den Wahrheitsgehalt des verinnerlichten Schwarz-Weiß-Denkens zu hinterfragen. Auch lohnt es sich zu überlegen, ob die Verschwörungserzählungen vielleicht deshalb für den anderen so plausibel erscheinen, weil das Vertrauen in Medien, Politik oder Wissenschaft schon vorher erschüttert war. Ein derartiges Vorantasten kann helfen zu verstehen, auf welchem Fundament der Verschwörungsglaube womöglich besonders gut Fuß fassen konnte.

Aber ist es überhaupt realistisch, einen überzeugten Verschwörungsgläubigen durch Argumente zum Umdenken zu bringen – oder machen wir uns da etwas vor? Um eine Antwort auf diese Frage zu finden, verabreden wir uns mit dem Gründer von Metabunk, einer Internetplattform, die sich mit »debunking« beschäftigt, also dem inhaltlichen Widerlegen von Verschwörungserzählungen. Der Gründer Mick West hat im Laufe der Jahre online und offline mit Hunderten Anhängern unterschiedlichster Verschwörungserzählungen diskutiert, und die Geschichte, wie es dazu gekommen ist, ist durchaus außergewöhnlich. Als Teenager begeisterte er sich für paranormale Phänomene wie etwa UFOs und Geistergeschichten. Mit zunehmendem Alter wuchs jedoch sein Interesse an naturwissenschaftlichen Themen, und er merkte, dass viele Mysterien seiner Jugend sich eigentlich sehr leicht erklären ließen. West schlug später eine Laufbahn in der Computerspielindustrie ein und war einer der Gründer des Unternehmens Neversoft, das unter anderem für die populäre Videospielreihe Tony Hawk's bekannt ist. Nachdem er sich aufgrund des kommerziellen Erfolgs der Firma bereits früh zur Ruhe setzen konnte, gründete er besagte Internetplattform Metabunk. Neben Faktenchecks zu gängigen Mythen gibt es dort auch ein Forum, in dem Anhänger von Verschwörungserzählungen Fragen stellen können. Einige derjenigen, die dort inhaltlich gegenargumentieren, sind Menschen, die einst selbst von ebendiesen Geschichten überzeugt waren – und nun anderen helfen wollen, den Weg hinaus aus dem Kaninchenbau zu finden.

Ein Patentrezept zum Umgang mit Verschwörungsgläubigen gebe es nicht, teilt uns Mick West mit. Allerdings könne es hilfreich sein, Gemeinsamkeiten zu suchen und sich im Verlauf der Diskussion immer wieder darauf zu beziehen. Man neigt gerne dazu, Anhänger von Verschwörungserzählungen als Menschen zu sehen, die quasi auf einem anderen Planeten leben. Dabei wird aber vergessen, dass am Anfang ihrer Beschäftigung mit abseitigen Thesen vielleicht vollkommen nachvollziehbare Fragen standen: Warum ist ein Großteil des Reichtums der Welt in den Händen einiger weniger konzentriert? Wieso kommt es immer wieder zu Korruptionsfällen in der Politik? Und wie kann es sein, dass große Konzerne Dinge tun, die so offensichtlich dem öffentlichen Interesse zuwiderlaufen? »Die meisten Menschen sind sich einig, dass nicht alle Entscheidungen in Politik und Wirtschaft zum Wohle aller getroffen werden«, sagt der Debunking-Experte. Während einige allerdings daraus die Motivation schöpfen, sich politisch zu engagieren und Strukturen zu verändern, stoßen andere auf der Suche nach Antworten auf Verschwörungserzählungen. Es lohne sich daher, Schnittmengen zu betonen, um eine Gesprächsebene zu schaffen, auf der kein Konflikt besteht. Besonders dann, wenn Debatten hitzig werden, kann die Rückbesinnung darauf dazu beitragen, die Gemüter abzukühlen. Nicht nur das Umfeld neigt zudem dazu, Verschwörungsgläubige in eine Schublade zu stecken – auch die Anhänger selbst haben oft stark überzeichnete Vorstellungen von der Haltung anderer. Mick West sagt, es könne etwa sein, dass »der andere möglicherweise annimmt, man würde der Regierung blind vertrauen, was ja gewöhnlich nicht der Fall ist«. Zugleich gelte es aber deutlich zu machen, dass man den Schlussfolgerungen des anderen nicht zustimmt. »Nur weil man großen Unternehmen nicht traut, heißt das schließlich noch lange nicht, dass man beispielsweise automatisch denkt, Impfstoffe seien unwirksam«, so Mick West.

Häufig kombinieren Verschwörungsideologen bestehende Falschinformationen und Mythen mit neuen Ereignissen. Alte Narrative bekommen so ein Update verpasst, wodurch sie anschlussfähig für aktuelle Debatten werden. Dabei können auch neue Verknüpfungen entstehen. Ein Song der verschwörungsideologischen Band Ziemlich Anders macht das sehr gut deutlich. Darin heißt es: »Die Spritze aus der Gates-Fabrik bringt uns das Leben schnell zurück. Unsere Gene springen dann auf 5G-Impulse an. Wir marschieren dann in Reih und Glied ...« Mythen zum Thema Mobilfunk, Gedankenkontrolle, Corona und Bill Gates wurden hier vermischt, um das Bild eines großen heimtückischen Plans zu kreieren. Wenn man sich in Debatten mit einem solchen Sammelsurium unterschiedlichster Verschwörungserzählungen konfrontiert sieht, rät der Gründer von Metabunk dazu, sich zunächst die unplausibelste Behauptung herauszupicken. Wer sich bei einer Auseinandersetzung nämlich vornimmt, den anderen davon zu überzeugen, direkt das komplette Paket zu verwerfen, steckt sich seiner Erfahrung nach ein unerreichbares Ziel. West beschreibt die Gesamtheit existierender Mythen als breites Spektrum unterschiedlichster Narrative. Natürlich gibt es Extremfälle, bei denen Menschen bedenkenlos alles für wahr halten, was nach Verschwörung klingt, und sowohl an die Flache Erde als auch an außerirdische Echsenmenschen sowie das Überleben Hitlers auf einer geheimen Militärstation in der Antarktis glauben. Oft ist es aber komplizierter. Die meisten Anhänger ziehen irgendwo eine rote Linie, und bei Behauptungen, die sich jenseits davon befinden, wird man sich problemlos darauf einigen können, dass es sich hierbei um Mythen handelt. Daher kann es manchmal pragmatischer sei, sich Stück für Stück vorzuarbeiten und zu versuchen, diese rote Linie über einen längeren Zeitraum hinweg langsam zu verschieben. Wem es gelingt, bei der am weitesten gehenden Erzählung Zweifel zu säen, der kann im besten Fall auch ein kritisches Hinterfragen der anderen Überzeugungen anstoßen.

»Man braucht eigentlich immer eine maßgeschneiderte Lösung«, teilt uns Mick West mit. Natürlich gebe es Fälle, bei denen ein Faktencheck zu einem einzelnen manipulierten Bild das Kartenhaus des Glaubens plötzlich zum Einsturz bringt, doch das sei eher die sehr seltene Ausnahme. Manchmal scheitert das Umfeld mit allen nur denkbaren Ansätzen – bis dann plötzlich doch erste Zweifel aufkeimen. Was diese Zweifel aber auslöst, unterscheidet sich von Fall zu Fall. Der Debunking-Experte empfiehlt daher, immer wieder unterschiedliche Ansätze auszuprobieren. Sein besonderes Interesse gilt Verschwörungserzählungen, bei denen physikalische Grundlagen eine große Rolle spielen. In seinem Buch *Escaping the Rabbit Hole* beschreibt er zahlreiche Experimente, die mit einfachsten Mitteln deutlich machen, dass die Erde keine Scheibe sein kann. Um Chemtrails-Anhänger davon zu überzeugen, dass es sich bei Kondensstreifen am Himmel nicht um die Spuren von mittels Flugzeug versprühtem Gift handelt, veröffentlichte er ein YouTube-Video, in dem er Bücher aus unterschiedlichen Jahrzehnten zum Thema Wolkenbildung vorstellt. Das älteste Buch stammt aus dem Jahr 1957, und die darin abgedruckte Abbildung belegt eindeutig, dass auffällige Kondensstreifen am Himmel kein neues Phänomen sind. Da viele Verschwörungsideologen aber behaupten, so etwas hätte es früher nicht gegeben, eignet sich das Video hervorragend dazu, diese zentrale Grundannahme zu entkräften. »Ich glaube an Chemtrails … du machst da einen überzeugenden Punkt. Danke fürs Teilen«, schreibt Paulette in der Kommentarspalte. Daneben finden sich aber auch viele Kommentare, in denen es heißt, Mick West sei ein verdeckter Agent, oder das Video sei keine Widerlegung, sondern vielmehr ein Beleg dafür, dass die Verschwörung eben früher als gedacht ihren Anfang genommen habe. Auch hier zeigt sich wieder: Faktenchecks und inhaltliche Widerlegungen können bei leichten Fällen durchaus eine Wirkung entfalten. Wenn aber ein gefestigter Glaube dahintersteckt, dann helfen sie meist nicht mehr weiter.

Manchmal gilt es auch nur, den richtigen Zeitpunkt abzupassen, wenn der andere offen dafür ist, die eigenen Annahmen zu hinterfragen. Erzwingen lässt sich so etwas nicht, trotzdem lohnt es sich, immer wieder Impulse in diese Richtung zu setzen. Eine Wunderwaffe aber, die existiert laut dem Debunking-Experten nun einmal nicht. In vielen Fällen wird man schlichtweg scheitern, und das ist vollkommen normal, dessen sollte man sich stets bewusst sein.

Wenn Fakten und Argumente pauschal abgetan werden, kann das Stellen von gezielten Fragen eine gute Alternative sein. Fragen haben zudem den Vorteil, dass sie dem Gegenüber ein aufrichtiges Interesse an seiner Meinung signalisieren. Wer bei einzelnen Details gezielt nachhakt, kann auf logische Inkonsistenzen aufmerksam machen. Verschwörungsideologen arbeiten zudem häufig mit überaus vagen Andeutungen. Die Identität der vermeintlichen Verschwörer und die konkrete Durchführung des Plans werden dabei nur grob angerissen. Wer den anderen dazu bewegt, einmal konkret auszuformulieren, was da eigentlich genau behauptet wird, macht womöglich Wissenslücken und grobe logische Fehler sichtbar. Bei Anhängern der Chemtrails-Verschwörungserzählung könnte das etwa wie folgt aussehen: »Wenn das wahr wäre, wie funktioniert das konkret? Wie viele Menschen müssten Mitwisser sein? Ist diese Zahl plausibel?« Die Teilnehmerin eines Workshops schilderte uns einmal, dass die simple Frage »Was sollen die denn davon haben, uns alle zu vergiften?« zu einer erstaunlichen Reaktion führte. Ihr Gesprächspartner gab sichtlich verdutzt zu, das bei genauerer Betrachtung nicht sagen zu können. Auch die Frage »Was würde dich vom Gegenteil überzeugen?« ist zuweilen ein wichtiger Anstoß, damit der andere selbstkritisch reflektiert, ob überhaupt noch die Bereitschaft besteht, die eigenen Ansichten zu hinterfragen. Viele Verschwörungsgläubige sind davon überzeugt, selbst besonders offen und unvoreingenommen für neue Informationen zu sein. An dieses Selbstverständnis zu appellieren kann ein äußerst wirkmächtiger Hebel sein.

Wenn direkt auf Abwehr geschaltet wird, sobald die Sprache auf die Verschwörungserzählung kommt, kann man auch eine ganz andere Strategie versuchen. Solange es nicht um die eigene Ideologie geht, ist die Bereitschaft, problematische Denkmuster zu identifizieren, oft deutlich größer. Manchmal hilft es daher, das Gespräch auf die Frage zu lenken, wie man Anhänger einer Sekte, wie beispielsweise Scientology, dazu bringen könnte, ihren Glauben zu hinterfragen. Die so gewonnenen Einsichten können langfristig ein Hinterfragen der Verschwörungserzählung anregen.

Statt aber zu erwarten, die andere Person sofort zum Umdenken bewegen zu können, ist es meist realistischer, sich das Ziel zu setzen, erste Zweifel zu säen. Anhänger von Verschwörungserzählungen neigen außerdem dazu, offensichtlich falsche Annahmen schnell beiseitezulegen und sich direkt auf das nächste vermeintliche Indiz zu stürzen. Das sieht man immer wieder daran, dass bekannte Namen aus dem Milieu beim Ausbleiben von angekündigten Weltuntergangsszenarien einfach zum nächsten Thema wechseln.

Der Weg hinaus aus dem Kaninchenbau dauert manchmal genauso lange wie der Weg hinein. Oft braucht es schlichtweg Zeit, bis Informationen verdaut werden, und manch einer begibt sich zunächst auf eine ausgiebige Online-Recherche, um Faktenchecks eigenhändig nachzuprüfen. Und einige finden auch gar nicht mehr hinaus – da sollte man keine falschen Hoffnungen haben. »Ich mache weiter, weil oft erst viel später Feedback kommt und Menschen sagen, dieses oder jenes sei sehr hilfreich gewesen. Selbst wenn es letztendlich nur zehn Prozent der Leute hilft, mit denen ich diskutiere, sind das immer noch ganz schön viele Menschen«, sagt Mick West. Gleichwohl ist ihm bewusst, dass es natürlich einen Unterschied macht, ob man mit Fremden oder Freunden diskutiert. Bei ermüdenden Online-Debatten kann man sich viel leichter ausklinken – wenn Verschwörungserzählungen in der Familie verbreitet werden, gibt es diese Option meist nicht. Der Debunking-Experte rät trotzdem dazu, möglichst lange das sachliche Gespräch zu suchen, sich aber auch klarzumachen, dass irgendwann ein Punkt erreicht sein kann, an dem es nachvollziehbar ist, die Flinte ins Korn zu werfen. Wenn es zunehmend emotional belastend wird und der andere kein Einlenken zeigt, müsse sich jeder selbst fragen: »Ist es mir das wert?« Angesichts regelmäßig eskalierender Diskussionen kann man schließlich auch die Entscheidung treffen, das Thema zunächst ruhen zu lassen, und sich auf die Aufrechterhaltung des Kontakts beschränken – in der Hoffnung, dass eines Tages doch erste Zweifel aufkeimen und man dem anderen dann zur Seite stehen kann.

»Ich habe mir solche Geschichten früher wie eine Art Gebäude vorgestellt«, teilte uns eine junge Frau mit, die selbst regelmäßig Debatten mit Anhängern von Verschwörungserzählungen führt. »Ich dachte, wenn ich es schaffe, die einzelnen tragenden Säulen quasi wegzuargumentieren, dann stürzt das gedankliche Luftschloss von ganz alleine ein. Heute weiß ich aber: Das war ein naiver Traum. Für jedes Argument, das ich entkräfte, tauchen beim nächsten Gespräch neue auf. Es ist vergleichbar mit einem Kampf gegen die griechische Sagenfigur Hydra. Wird einer ihrer vielen Schlangenköpfe abgeschlagen, wachsen sofort zwei neue nach.«

In den meisten Fällen ist es mit einer einzigen Diskussion nicht getan. Daher sollte es auch nicht darum gehen, am Ende des Gesprächs als derjenige dastehen zu wollen, dem recht gegeben wurde – vielmehr gilt es, Brücken zu bauen, die womöglich erst bei der nächsten Begegnung von Nutzen sein werden. Gerade deshalb ist es auch wichtig, Debatten nicht ausufern zu lassen. Statt zu riskieren, dass der Ton immer rauer wird und der Austausch langsam zum Streit mutiert, sollte das Gespräch lieber auf ein anderes Mal vertagt werden – damit man dann mit kühlem Kopf von Neuem ansetzen kann. Vielleicht ist man am Ende auch gar nicht derjenige, der sein Gegenüber dazu bringt, die Meinung zu revidieren. Aber wenn so der Weg für andere bereitet wird, die es aufgrund erster Zweifel dann leichter haben, ist doch schon viel erreicht. Auch die Psychotherapeutin Dorothee Scholz weiß, dass es oft einen langen Atem braucht. Daher sollte bei Auseinandersetzungen stets auch die eigene emotionale Belastung im Blick behalten werden: »Man darf auch mal einen Schritt zurückgehen und sagen: Ich muss das jetzt hier nicht gewinnen. Das ist ohnehin ein Anspruch, den man nicht haben sollte. Es geht eher darum, immer wieder gesunde Impulse reinzugeben in der Hoffnung, dass die Person das dann für sich gut weiterverwerten kann. Jeder darf seine Grenzen achten – zumal zu viel Druck auch gar nichts bringt.«

Keine Frage, solche Debatten sind – besonders wenn es um Menschen geht, die für uns die Welt bedeuten – immens aufreibend. Schweigen ist aber auch deshalb keine gute Alternative, weil der Glaube an Verschwörungserzählungen die Lebensqualität dramatisch beeinträchtigen kann. Das zeigt sich auch bei den eingangs geschilderten Mythen zum Thema Corona und 5G. Ein Studienteam um die Wissenschaftlerin Renáta Szemerszky konnte in einem Experiment zeigen, dass im Zusammenhang mit Ängsten vor Funkstrahlung ein interessanter Effekt auftritt. Die Studienteilnehmer gaben an, stärkere körperliche Beschwerden zu verspüren, wenn die Forscher ihnen mitteilten, es herrsche gerade eine starke Strahlung – auch wenn dies gar nicht der Fall war. Hierbei spricht man auch vom Nocebo-Effekt, welcher oft als der böse Zwilling des Placebo-Effekts beschrieben wird. Online gibt es längst ein ganzes Ökosystem von kommerziellen Anbietern, die versuchen, Profit aus Ängsten rund um 5G zu schlagen. Eine vor angeblich gefährlicher

Strahlung schützende Babymütze wird zum Schnäppchenpreis von 35 Euro angeboten, für einen Hoodie müssen Kunden gut 200 Euro hinlegen, und der Baldachin für das Ehebett kommt auf den stolzen Preis von 1599,90 Euro. Wer sein ganzes Haus vermeintlich strahlensicher umbauen will, sieht sich schnell mit großen Ausgaben konfrontiert. Im schlimmsten Fall droht überzeugten Anhängern dieser Verschwörungserzählung, dass sie am Ende vor einem gewaltigen Schuldenberg stehen. Derartige Überzeugungen können bei Menschen zudem zu drastischen Verhaltensänderungen führen, bis hin zu einer kompletten Ablehnung moderner Technologien – was auch berufliche Perspektiven zunichtemachen kann. Nicht selten übertragen sich solche Ängste innerhalb von Familien auf die Kinder, die sich plötzlich einer unsichtbaren Bedrohung ausgesetzt fühlen und damit noch gar nicht richtig umgehen können. Führt man sich all diese Szenarien vor Augen, wird schnell klar: Auch wenn inhaltliche Debatten manchmal in Streit abzurutschen drohen, auch wenn es oft langwierig und anstrengend ist – zumindest den Versuch einer Intervention zu unternehmen ist eben auch ein Zeichen dafür, dass einem etwas an der anderen Person liegt. Selbst wenn diese das in dem Moment wahrscheinlich nicht erkennen wird.

Wenn inhaltliches Diskutieren nichts mehr bringt

»Ich vermisse es, stolz auf meine Mum zu sein«, so lautet der Titel eines längeren Posts in einem Online-Forum, in dem sich Menschen austauschen, die Freunde oder Familienangehörige an die in den USA entstandene Verschwörungserzählung QAnon und damit verbundene Gruppierungen verloren haben. Darin beschreibt ein Nutzer die dramatische Veränderung seiner Mutter: »2018, als ich aufs College kam, wurde es richtig schlimm. Sie begann sich mit Q-Anon zu beschäftigen – zuvor hatte sie bereits an Verschwörungstheorien wie 9/11 und Chemtrails geglaubt – und meinte, Juden würden die Medien kontrollieren, und anderen Unsinn.« Seriöse Medien wurden von der Mutter pauschal als »Fake News« beschimpft, Diskussionen wurden zunehmend schwierig. Eines Tages verkündete die Mutter auf Twitter, bei Corona würde es sich um eine »Plandemie« handeln, ihre Kinder bezeichnete sie als »gehirngewaschen«. Von dieser Meinung rückte sie selbst dann nicht ab, als eines ihrer Kinder an Covid-19 erkrankte. »Ich war bettlägerig und fühlte mich in einigen Nächten dem Tode nahe, so sehr hatte ich Schwierigkeiten zu atmen. Es hat mir das Herz gebrochen, als meine Mutter gegenüber ihren Followern verkündete, meine Erfahrung sei im Grunde genommen fake.« Der hochemotionale Bericht schließt mit Worten der Resignation: »Ich habe nur noch einen Elternteil, und es zerreißt mich mitzuerleben, wie meine Mutter einer Gehirnwäsche unterzogen wurde. Es ist so schwer geworden, zu ihr durchzudringen [...].«

Das Reddit-Forum QAnonCasualties (zu Deutsch QAnon-Opfer oder -Verluste) zählt mehr als 140 000 Mitglieder. Dort stößt man auch auf die Schilderung einer Frau, die von ihrer Angst berichtet, dass ihr Ehemann sich demnächst eine Waffe zulegen könnte. Angesichts seiner immer verstörender werdenden Ansichten denkt sie über eine Trennung nach. Ein weiterer Bericht handelt davon, dass eine QAnon-Anhängerin am Sterbebett ihrer Mutter regelmäßig Streit über die Verschwörungserzählung anzettelt. Die vielleicht letzten gemeinsamen Tage, die der Familie noch bleiben, sind geprägt von Unfrieden. In einem sehr bewegenden Text beschreibt eine junge Frau, wie sie sich zunehmend von den eigenen Eltern entfremdet fühlt, die sich auf einen angeblich drohenden Bürgerkrieg vorbereiten und mit Gleichgesinnten zu Schießübungen in den Wald fahren. Sie ist in der siebenunddreißigsten Woche schwanger und schreibt, der Glaube an die Verschwörungserzählung sei ihren Eltern mittlerweile wichtiger als das eigene Enkelkind. Viele Berichte schließen mit dem Eingeständnis, dass man am Ende seiner Kräfte angekommen sei.

In der Selbsthilfegruppe auf Reddit tauschen sich Menschen aus, die ihre Geschwister, Cousins und Onkel nicht mehr verstehen. »Ich bin es so leid, mich so verzweifelt zu fühlen. Und so wütend!«, heißt es in einem Beitrag. »Manchmal muss ich mich aus dem Ganzen ausklinken, denn wenn ich zu lange darüber nachdenke, fühle ich schreckliche Dinge gegenüber Menschen, die ich liebe. Dabei will ich doch nur meine Familie zurück. Menschen, die diesen Schmerz nicht erlebt haben, können das nicht nachfühlen.« Inhaltliche Debatten haben viele hier längst aufgegeben. Denn weder Appelle an die Vernunft noch Empathie haben die Situation zum Besseren gewendet. Es überrascht daher nicht, dass viele Diskussionen sich darum drehen, unter welchen Umständen ein Kontaktabbruch vertretbar erscheint und wann es an der Zeit ist, alle Hoffnung fahren zu lassen.

Derartige Berichte führen vor Augen, wie der Verschwörungsglaube selbst in die stabilsten zwischenmenschlichen Beziehungen einen Keil treiben kann. Die so entstehenden Risse können zu einer unüberwindbaren Kluft innerhalb von Familien führen. Insbesondere wenn die andere Person einem viel bedeutet, schmerzt es umso mehr, wenn Gespräche plötzlich regelmäßig eskalieren. Die ehemals tiefe Verbundenheit weicht einem neuen beklemmenden Zustand der zunehmenden Entfremdung. Das Umfeld fühlt sich oft überfordert – und gleichzeitig schuldig und beschämt. Der Glaube daran, dass »das bessere Argument gewinnt«, ist in vielen Menschen tief verwurzelt. Kommunikation ist, was Menschen miteinander verbindet. Wie soll man also weitermachen, wenn diese grundlegende Form der menschlichen Verbundenheit nicht mehr funktioniert?

»Hätte ich nur die richtigen Argumente zur Hand gehabt, dann wäre das Problem sicher schnell gelöst«, ist da ein häufiger Gedanke. Dabei ist es wichtig, sich in solchen Situationen zunächst einmal klarzumachen, dass man mit derartigen Erfahrungen keineswegs allein ist. Es ist unglaublich schwer, gegen ein in sich geschlossenes Weltbild anzudiskutieren, und selbst wenn es gelingen sollte, ist dies meist ein überaus steiniger Weg. Im vorangegangenen Kapitel haben wir ausführlich die wichtigsten Tipps für den Austausch von Argumenten vorgestellt. Gleichwohl ist es wichtig, sich klarzumachen, dass dieser Ansatz sehr schnell an seine Grenzen stoßen kann, wenn eine Person in ihrem Glauben bereits stark gefestigt ist. Ehemalige Anhänger vergleichen ihren Weg hinaus aus dem Kaninchenbau einer Verschwörungsideologie oft mit dem Ausstieg aus einer Sekte. Und tatsächlich lassen sich viele Parallelen finden. Stellen Sie sich vor, Sie hätten über Monate oder sogar Jahre hinweg in ihrem privaten und beruflichen Umfeld Verschwörungserzählungen verbreitet. Wie schwer muss es da sein, all diesen Menschen nach einer Abkehr von Ihrem Glauben wieder unter die Augen zu treten und kleinlaut Ihren Fehler einzugestehen? Je mehr jemand in seinen Glauben investiert hat, desto mehr Kraft erfordert ein solcher Schritt.

Unterhalb der Ebene der sachlichen Argumente spielen unbewusst ausgetragene psychologische Abwehrkämpfe eine große Rolle. Der Glaube an eine große Verschwörung erfüllt oftmals zentrale psychologische Bedürfnisse, wie etwa das Bedürfnis nach Kontrolle, das Bedürfnis nach Gemeinschaft und das Bedürfnis nach Einzigartigkeit. Der Verschwörungsgläubige wird in der Regel umso mehr auf seinen Ansichten beharren, je stärker sein positives Selbstbild mit diesem Narrativ verwoben ist. Daher ist es wenig überraschend, wenn die Reaktion auf eine gut gemeinte Intervention sich nicht etwa in Dankbarkeit äußert, sondern vielmehr unverhohlenen Ärger oder sogar blanke Wut zur Folge hat. Für Menschen, die sich emotional stark abhängig von ihrem Glauben gemacht haben, fühlt sich inhaltliche Kritik nicht selten an, als würde jemand versuchen, ihnen den Boden unter den Füßen wegzuziehen. Der Autor Bernd Harder beschreibt solche Situationen wie folgt: »Es geht nicht um Wahrheitsfindung – sondern darum, weiterhin die Person sein zu können, die man sein Leben lang gewesen ist.« Spätestens wenn einen das Gefühl beschleicht, dem Gegenüber gehe es mehr darum, das eigene Selbstbild aufrechtzuerhalten, als um den Austausch von Argumenten, sollten andere Strategien in Betracht gezogen werden, und man sollte sich darauf gefasst machen, dass die Situation sich so schnell nicht ändern wird. Aber was kann man tun, wenn Diskussionen regelmäßig in einer Sackgasse enden?

Einige Tipps und Kniffe können dabei helfen, in derart festgefahrenen Situationen die Wogen zumindest ein Stück weit zu glätten. Diese Vorschläge beziehen sich allerdings ausdrücklich auf das eigene private Umfeld. Für eine gesellschaftliche Auseinandersetzung – beispielsweise am Rande von verschwörungsideologischen Protesten oder bei Zufallsbegegnungen im Supermarkt – sind Tipps, die auf aktive Beziehungsarbeit abzielen, weder gedacht noch geeignet.

In der Kommunikation mit Freunden und Angehörigen gilt es nicht nur, das eigene Verhalten kritisch zu reflektieren, sondern auch vom Gegenüber die Einhaltung grundlegender Spielregeln für eine faire Diskussion einzufordern. Wenn inhaltliches Gegenhalten regelmäßig zur Folge hat, dass die andere Person, statt auf die vorgebrachten Argumente einzugehen, immerzu ein neues Themenfass aufmacht, sollte dies unbedingt angesprochen werden. Ein aufrichtiger Austausch kann zudem nur gelingen, wenn beide Parteien darin übereinkommen, dass Gespräche stets möglichst sachlich und respektvoll ablaufen sollten. Wenn der Ton im Verlauf eines Gesprächs zunehmend lauter und aggressiver wird, sollte dies problematisiert werden. Denn tut man dies nicht, droht eine neue Normalität etabliert zu werden, die langfristig der Beziehung irreparable Schäden zufügt.

Das Ziehen von Grenzen bedarf dabei eines besonderen Fingerspitzengefühls. Die Psychotherapeutin Dorothee Scholz empfiehlt, bei solchen Gesprächen zwischen Motiv- und Verhaltensebene zu unterscheiden. Die Verhaltensebene meint den konkreten Inhalt des Gesprächs. Die Motivebene wird bestimmt von den vier psychischen Grundbedürfnissen des Menschen: Selbstwert, Nähe, Lustgewinn/Unlustvermeidung und Kontrolle. Das heißt, wir alle haben den Wunsch nach einer positiven Identität und Selbstwert, wir sehnen uns auch alle nach Zugehörigkeit zu anderen Menschen. Wir streben außerdem nach einem guten und sicheren Leben ohne Gefahren. Und wir alle tragen in uns das tiefe Bedürfnis nach Eigenbestimmtheit und leiden darunter, wenn wir uns hilflos oder orientierungslos fühlen. »Nun ist es so, dass auf der Motivebene diese Wünsche nicht nur existieren, sondern auch regelmäßig durch die Realität verletzt werden – dann streben Menschen häufig verstärkt nach Ausgleich, also beispielsweise nach mehr Handlungsfähigkeit oder Selbstaufwertung«, so die Psychotherapeutin. »In manchen Fällen gibt es auch Lebenserfahrungen, die bestimmte Bedürfnisse lange oder schwer verletzt haben, was eine dauerhaft erhöhte Bedürftigkeit in diesem Grundmotiv nach sich zieht.«

Verschwörungserzählungen docken sehr geschickt an genau diese psychologischen Grundbedürfnisse an und liefern das falsche Versprechen einer schnellen Stabilisierung. Sie bieten scheinbar Gruppenzugehörigkeit und Selbstermächtigung an, reduzieren Orientierungslosigkeit durch klare Feindbilder und wirken anfänglich vielleicht sogar selbstwertstärkend. Das wirkt vor allem in Krisenzeiten attraktiv. So ist es etwa vollkommen nachvollziehbar, wenn Menschen im Zuge einer globalen Pandemie das Gefühl eines Kontrollverlusts verspüren und dagegen etwas unternehmen wollen. Obwohl hier auf der Motivebene ein nachvollziehbares Bedürfnis entsteht, kann es dann auf der Verhaltensebene zu einer problematischen Umsetzung kommen, etwa wenn im Rahmen des Glaubens an einen großen Plan das Weltbild zunehmend von Feindbildern und Schwarz-Weiß-Denken geprägt ist und Verhaltensempfehlungen zum Schutz der Gesundheit in den Wind geschlagen werden.

Werden nun bei einer Intervention die Motiv- und Verhaltensebene vermischt, droht eine heftige Abwehrreaktion, warnt die Psychotherapeutin für Verhaltenstherapie: »Was oft passiert, ist, dass nur die Verhaltensebene begrenzt wird, wenn der andere beispielsweise aggressiv wird. Was für den Menschen, der begrenzt wird, dann passiert, ist, dass er das Gefühl bekommt, sein Motiv werde ebenfalls abgewiegelt. Er denkt, es sei egal, dass er sich schlecht fühlt mit dieser Situation. Und mit dieser Wahrnehmung fühlt man sich natürlich dann bedroht.« Die Psychotherapeutin rät daher dazu, sich vor einer Intervention stets empathisch in die andere Person hineinzuversetzen und sich zu fragen, welches Bedürfnis hinter dem jeweiligen Verhalten stecken könnte. Auf der Motivebene gilt es, dieses Bedürfnis anzuerkennen, indem der anderen Person vermittelt wird: »Keiner will dir dieses Motiv wegnehmen.« Gleichzeitig wird auf der Verhaltensebene aber klar signalisiert, dass der gewählte Weg zur Umsetzung des jeweiligen Motivs problembehaftet ist. Dorothee Scholz erklärt diesen Ansatz wie folgt: »Am ehesten hat man eine Chance, wenn man der Person aufzeigen kann, dass sich ihre Grundmotive auch gesünder erfüllen lassen. Dass sie beispielsweise auch ohne Ideologie herzlich in einem Freundeskreis aufgenommen werden kann oder es Möglichkeiten gibt, eine Krise auch ohne Feindbilder zu verstehen und stärker nach Lösungen, statt nach Schuldigen zu suchen.«

Für den konkreten Fall immer wieder aufs Neue eskalierender Gespräche schlägt die Psychotherapeutin folgende Intervention vor: »Ich weiß, das Thema ist sehr wichtig für dich, aber ich fühle mich durch die Art, wie wir diskutieren, gerade unwohl. Eigentlich wünsche ich mir ein gutes Gespräch auf Augenhöhe mit dir, weil mich deine Gedanken wirklich interessieren. Hast du einen Vorschlag, wie wir respektvoll weiterdiskutieren können?« Hinter dieser speziellen Formulierung stehen zwei Annahmen. Zum einen neigen einige Menschen dazu, laut zu werden, wenn sie sich in ihren Kernüberzeugungen angegriffen fühlen – deshalb ist der Verweis auf das Interesse an den Inhalten wichtig. Darüber hinaus wird ein Gefühl mangelnder Kontrolle durch die offene Frage am Ende aufgefangen, denn so wird der andere wieder in eine Position gebracht, selbst mitentscheiden zu können, wie man mit der verfahrenen Situation umgeht. Ein derartiges

Wechselspiel zwischen Akzeptanz von Sorgen und Ängsten bei gleichzeitiger Begrenzung der problematischen Verhaltensmuster kann langfristig helfen, eine differenzierte Haltung beim Gegenüber anzuregen. Das Beispiel unterstreicht aber auch einen weiteren wichtigen Punkt: Oft ist es sehr zeitaufwendig, Menschen wieder aus dem Kaninchenbau ihres Verschwörungsglaubens herauszuholen. Die Erfolgschancen sind daher in der Regel größer, wenn es sich um Personen aus dem eigenen Umfeld handelt. Denn auf aktive Beziehungsarbeit ausgelegte Ansätze funktionieren nicht, wenn man zufällig im Supermarkt oder auf Demonstrationen ins Gespräch kommt.

Zwischenmenschliche Beziehungen können sich durch den Glauben an Verschwörungserzählungen stark verändern. Wer vermeiden will, dass eine Freundschaft oder Beziehung daran zerbricht, sollte sich daher ehrlich fragen, unter welchen Bedingungen eine Aufrechterhaltung des Kontakts realistisch ist. Allen inhaltlichen Differenzen zum Trotz ist es niemals in Ordnung, vom anderen heruntergemacht zu werden. Wer Respekt für sich einfordert, darf ihn anderen nicht verweigern. So wie Verschwörungsgläubige nicht als »irre« und »dumm« beschimpft werden wollen, wollen Freunde und Angehörige in Gesprächen nicht systematisch abgewertet werden. Wer stets betont, im Gegensatz zu anderen »selbst zu denken« und »keine Marionette« zu sein, muss sich daher die Rückfrage gefallen lassen, ob derartige Aussagen auch die Haltung gegenüber dem eigenen privaten Umfeld widerspiegeln und ob man sich der verletzenden Wirkung bewusst ist. Ein solches Nachhaken ist auch deshalb wichtig, weil die jeweiligen Sprachbilder meist aus einschlägigen Publikationen übernommen wurden, ohne dass deren Implikationen wirklich reflektiert wurden.

Sabine Riede ist gelernte Pädagogin und leitet seit achtzehn Jahren die Beratungsstelle Sekten-Info Nordrhein-Westfalen. Seit Ausbruch der Pandemie hat sich die Zahl der Beratungsanfragen dort vervierfacht, und in vielen Fällen geht es dabei um Verschwörungserzählungen. »Menschen melden sich bei uns, wenn sie absolut nicht mehr weiterwissen, wenn sie sehr verzweifelt sind und der Glaube beispielsweise die Partnerschaft belastet«, berichtet sie. Aber wie kann man sich eigentlich so eine Beratung vorstellen? In einem ersten Gespräch geht es zunächst darum, sich einen Überblick über die konkrete Situation zu verschaffen. Darauf folgen meist mehrere Sitzungen. Wenn die Bereitschaft da ist, wird auch der Verschwörungsgläubige eingeladen. An dem Punkt, an dem das Umfeld externe Hilfe hinzuzieht, ist der Leidensdruck meist schon immens. »Er redet unentwegt auf mich ein«, wird da etwa berichtet. »Ich werde als Schlafschaf bezeichnet. Mein Mann schreit jetzt sogar rum, und eigentlich war er mal ein ganz Netter.«

Verschwörungsgläubige verspüren oft einen starken Missionierungsdrang, der sich darin äußert, dass die jeweilige Überzeugung zum Dauerthema gemacht wird. Entsprechend wird in Beratungsgesprächen geschildert, dass Anhänger von Verschwörungsideologien Kollegen auf der Arbeit mit Bekehrungsversuchen belästigen, sie als »Schlafschafe« beschimpfen oder Druck ausüben, dass sie jetzt doch endlich »aktiv werden« müssten. Auch für das private Umfeld kann so ein Verhalten immens belastend sein. Wer die Haltung vertritt, dass eine Aufrechterhaltung der Beziehung nur dann möglich ist, wenn die Missionierungsversuche eingestellt oder zumindest auf ein Minimum zurückgefahren werden, sollte das Problem ansprechen. In einigen Fällen kann hier ein klärendes Gespräch helfen, bei dem man sich auf klare Grenzen einigt. Statt die andere Person mit Vorwürfen zu attackieren, sollte vielmehr die emotionale Beziehungsebene angesprochen werden: »Ich merke, dass dich dieses Thema gerade sehr beschäftigt. Du bedeutest mir viel. Ich möchte mich nicht mit dir streiten. Deshalb wäre ich froh, wenn wir einen Weg finden würden, damit anders umzugehen.« Im besten Fall hat die Person schlichtweg nicht gemerkt, wie das beständige Verbreiten der eigenen Überzeugungen auf andere wirkt, und ist durchaus offen für eine Änderung des Verhaltens – da sie die Beziehung zum Umfeld ebenfalls nicht beschädigen möchte.

Sehr oft geht es bei Anfragen an Beratungsstellen auch um die eigenen Eltern, die bereits in Rente sind. Da heißt es etwa: »Ich habe jetzt schon so viel erklärt und immer wieder versucht, den Glauben zu entzaubern. Aber sie hören einfach nicht auf mich – im Gegenteil, es wird sogar immer schlimmer!« Wenn die Situation bereits festgefahren ist und Gespräche zunehmend eskalieren, rät Sabine Riede davon ab, weiter auf inhaltliche Diskussionen zu setzen: »Wir haben immer wieder erlebt, dass Gegenrede dazu führen kann, dass es nur noch schlimmer wird. Der andere sucht dann im Internet nach neuen Beweisen, es schaukelt sich weiter auf, und man ist immer wütender aufeinander.« In solchen Situationen sollte das Umfeld versuchen, aktiv gegenzusteuern und diese Spirale zu durchbrechen. Beschwichtigung in Form von Zustimmung zu den jeweiligen Thesen sei allerdings der falsche Weg, so die Leiterin der Beratungsstelle. Vielmehr gilt es mitzuteilen, man habe zwar verstanden, dass die Ansichten in einigen Punkten weit auseinandergehen, aber gleichzeitig zu betonen: »Uns verbindet doch noch so vieles mehr.« So wird Raum geschaffen, um die Beziehung zunächst auf emotionaler Ebene wieder zu stabilisieren.

Besonders dann, wenn es so wirkt, als würden alle Gedanken

der anderen Person unablässig um die Verschwörungserzählung kreisen, kann es Sinn machen, das Gespräch in eine vollkommen andere Richtung zu lenken. Stark in ihrem Glauben
gefestigte Anhänger, die einer Vielzahl einschlägiger Gruppen
auf Messengern und bei sozialen Netzwerken beigetreten sind,
sehen sich Tag für Tag einem nie abreißenden Strom immer
neuer Schreckensnachrichten und Hassbotschaften ausgesetzt.
Wenn solche Kanäle zur hauptsächlichen Informations- und
Kommunikationsquelle geworden sind, bewegen sich Menschen in einem konstant von Hass, Stress und Angst bestimmten Nachrichten-Ökosystem. Ein bewusstes Ausblenden der
Verschwörungserzählung und das Lenken der Aufmerksamkeit
auf andere Themen kann dazu beitragen, diesen Teufelskreis
kurzfristig zu durchbrechen und zu erreichen, dass der andere
bei seiner obsessiven Beschäftigung zumindest eine Atempause
einlegt.

Bei einem stark gefestigten Glauben kann es zu Situationen
kommen, in denen irgendwann jegliche inhaltliche Intervention – selbst in Form von Fragen – als Angriff gewertet wird.
Angesichts solcher verhärteten Fronten ist die bewusste Verla-
gerung der Kommunikation auf die emotionale Ebene und das
Umschiffen der Verschwörungserzählung manchmal die letzte
verbleibende Option, um einen endgültigen Bruch zu vermeiden. Das Umfeld beschränkt sich dann darauf, in einer Warte-
position zu verharren und ein – womöglich sogar letzter – Anker
außerhalb der zunehmend von Angst und Hass geprägten Glau-
benswelt zu sein. Neben dem Wechseln des Gesprächsthemas
können hierbei auch konkrete positive gemeinsame Erlebnisse
hilfreich sein. Wenn es um die Eltern geht, kann man etwa vor-
schlagen, gemeinsam alte Fotoalben anzuschauen, und so bessere Zeiten in Erinnerung rufen. Geht es um den Partner oder

einen guten Freund, wäre ein gemeinsamer Ausflug in die Natur oder ein Kochabend eine Option. Auch wenn es trivial klingen mag, kann dies doch in einigen Fällen viel bewirken, wenn es darum geht, die Fixierung auf das Thema zu durchbrechen. Solche Strategien helfen zudem, bewusst zu machen, dass es neben der Verschwörungsideologie noch mehr im Leben gibt, das einem ein positives Gefühl geben kann.

Manchmal kann es auch zielführend sein, eine ganz grundlegende Frage zu stellen: »Wie geht es dir eigentlich gerade?« So lässt sich ergründen, ob ein tiefer gehendes Problem vielleicht der Auslöser für die Beschäftigung war und was die Anziehungskraft derartiger Narrative für den anderen ausmacht. Der Glaube kann in einigen Fällen schließlich auch Ausdruck einer Art Flucht vor realen Problemen sein. Wer überzeugt ist, ein Bürgerkrieg stehe kurz bevor, dessen finanzielle Schwierigkeiten verlieren angesichts der viel größeren Bedrohung auf einen Schlag massiv an Bedeutung. Das Horten von Lebensmitteln und Verbarrikadieren der Wohnung kann in solchen Momenten die Illusion von Kontrolle über das ansonsten aus den Fugen geratene Leben geben. Plötzlich klare Schuldige benennen zu können fühlt sich gerade in schwierigen Situationen für einige Menschen durchaus entlastend an. Empathie mit den individuellen Lebensumständen des anderen ist daher mindestens so wichtig wie der Austausch auf sachlicher Ebene. Das Sprechen über private Probleme und gemeinsam erarbeitete Lösungsansätze können den so identifizierten Leidensdruck lindern und dem Verschwörungsglauben langfristig den Nährboden entziehen.

Auch Sabine Riede betont, dass die Lösung im Einzelfall oft gar nicht in der inhaltlichen Auseinandersetzung mit der Verschwörungserzählung, sondern vielmehr in der Beschäftigung mit den dahinter womöglich stehenden Sorgen und Nöten liegt.

Im Gespräch schildert sie den Fall eines Ehepaars. Er setzte sich aufgrund seines Glaubens an eine große Corona-Verschwörung immer wieder bei der Arbeit über Hygienemaßnahmen zur Pandemie-Eindämmung hinweg. Infolgedessen drohte schließlich die Kündigung, weil der Arbeitgeber das Ansteckungsrisiko nicht verantworten wollte. Im Beratungsgespräch stellte sich dann Folgendes heraus: »Sie war Feuer und Flamme für ihren Job und er eigentlich schon seit vielen Jahren nicht mehr. Mit dem Arbeitgeber wurde dann die Lösung gefunden, dass er in den frühen Ruhestand geht.« Das Ehepaar begann darüber zu sprechen, was der jeweils andere vom Leben erwartete, und lernte sich so auch ein Stück weit neu kennen. Es stellte sich heraus, dass die ständige Erschöpfung von der Arbeit, gepaart mit einer tiefen Sehnsucht, zu Lebzeiten noch die eigenen Träume zu verwirklichen, den Mann schon seit Längerem beschäftigte. Jedoch war er all die Jahre nicht in der Lage gewesen, dies zu artikulieren, weil er das Gefühl hatte, für die Familie immer funktionieren zu müssen. Die drohende Kündigung infolge des Verschwörungsglaubens stellte für ihn somit vielleicht unterbewusst sogar eine Art willkommenen Ausweg aus dieser verfahrenen Situation dar. Im Ruhestand begann er dann, sich mit Dingen zu beschäftigen, die ihn mit Freude erfüllten. Seine Ansichten haben sich in den folgenden Monaten zwar nicht komplett geändert, der Verschwörungsglaube ist aber deutlich in den Hintergrund getreten. »Er ist jetzt wieder mein liebevoller Mann, der er früher war«, lautete die glückliche Rückmeldung an die Beratungsstelle. An diesem Beispiel zeigt sich allerdings eine wichtige Erkenntnis: Solche Interventionen können zwar das gemeinsame Miteinander verbessern. Sie sind aber kein Garant dafür, dass die Ideologie komplett verschwindet.

Verschwörungsideologische Gruppierungen vermitteln ihren Anhängern oft das Gefühl, etwas Bedeutsames zu leisten, einen

Unterschied in der Welt machen zu können und eben mehr als nur ein kleines Rädchen im Getriebe zu sein. Die Stärkung des Gefühls von Selbstwirksamkeit und Verantwortung im Alltag ist daher ein weiterer möglicher Ansatz, um auf der emotionalen Ebene anzusetzen. Ein erster Schritt wäre hier das Delegieren von Entscheidungen im Alltag, auch bei vermeintlich kleinen Fragen: Was wollen wir heute essen? Was sollen wir am Wochenende machen? Mit wem wollen wir uns zum Spazierengehen treffen? Wichtig ist hierbei allerdings, anschließend auch konkret positives Feedback zu geben, wenn der andere Ideen einbringt oder eine Aufgabe gut gelöst hat. Laut Sabine Riede kann eben das Gefühl, eine aktive Rolle in der Beziehung zu übernehmen und Verantwortung zu tragen, langfristig dazu beitragen, Situationen zu deeskalieren. »In der Sektenberatung haben wir einen Grundsatz, der lautet: Wichtig ist, dass jemand die Sekte nicht mehr nötig hat. Das gilt auch für Verschwörungsideologien. Es geht hierbei nicht um eine Gehirnwäsche, sondern darum, dass derjenige irgendwo auch für das, was ihm dort geboten wird, empfänglich ist und mitspielt. Und diesen Nährboden gilt es abzugraben.«

Der Glaube an einen großen Plan kann gerade in Zeiten erlebter Krisen kurzfristig einen stabilisierenden Effekt haben, da hierdurch die Illusion von Kontrolle erzeugt wird. Langfristig setzt jedoch ein gegenteiliger Effekt ein: Durch die Auseinandersetzung mit der Verschwörungserzählung fühlt sich die betreffende Person oft erst recht ausgeliefert, da solche Geschichten häufig mit sehr bedrohlichen und auch apokalyptisch anmutenden Zukunftsszenarien einhergehen. Dies kann wiederum dazu führen, dass Anhänger sich noch stärker damit auseinandersetzen und sich sozusagen immer tiefer im Kaninchenbau ihres Glaubens eingraben. Infolgedessen wird die Umwelt oft als zunehmend bedrohlich wahrgenommen, und es kommt zu teils massiven

Verhaltensänderungen: Ängste vor bestimmten Lebensmitteln oder dem Trinkwasser, physische Vorbereitung auf angeblich drohende Katastrophen bis hin zur Kündigung des Arbeitsverhältnisses in Erwartung eines baldigen Bürgerkriegs. Selbst wenn an einem derartigen Punkt ein Durchkommen mit Argumenten wenig Erfolgsaussichten hat, lohnt es sich zumindest, immer wieder deutlich zu machen, dass man die jeweiligen Schreckensszenarien nicht teilt. Hierbei gilt es allerdings, den anderen nicht zu verurteilen oder ihm das Gefühl zu vermitteln, man nehme ihn nicht ernst. Wer außerdem bemerkt, dass sich nach und nach ein psychischer Leidensdruck beim anderen aufbaut, sollte dies unbedingt ansprechen. Wichtig ist hierbei allerdings: Nicht jede Person, die an Verschwörungen glaubt, ist psychisch labil oder kompensiert damit eigene Probleme. Es können auch andere Gründe dahinterstecken. Die Suche nach den Motiven hinter dem Glauben kann ein möglicher Ansatz für das direkte Umfeld sein, der auch von Beratungsstellen oft empfohlen wird.

Immer wieder kommt es zudem vor, dass ehemalige Verschwörungsgläubige bei Beratungsstellen anfragen und um Hilfe bitten. »Wenn sich solche Menschen bei uns melden, ist meist noch eine tiefe Verunsicherung da. Oft brauchen sie dann einfach jemanden, mit dem sie darüber reden können«, so Sabine Riede. Vor allem Schuldgefühle spielen bei Gesprächen mit ehemaligen Anhängern von Verschwörungserzählungen häufig eine große Rolle. »Einige erzählen, dass sie im Internet an Hetzkampagnen teilgenommen haben – und dass sie das im Nachhinein sehr bereuen.« Immer wieder wird auch die Frage gestellt, ob und wie man Dinge, die man in der Vergangenheit gesagt oder getan hat, irgendwie wiedergutmachen kann. Hinzu kommt meist die Scham, wenn es darum geht, Angehörige oder Freunde zu kontaktieren, die sich wegen des Verschwörungsglaubens abgewendet haben. Am Anfang der Distanzierung von einschlägigen Gruppierungen steht oft zunächst die Einsamkeit. Manchmal kommt es auch vor, dass Menschen nach einer Distanzierung vom Verschwörungsmilieu als »Verräter« beschimpft oder sogar konkret bedroht werden. Bei in die Brüche gegangenen Beziehungen, in denen einer von beiden sich vom Glauben losgesagt hat, kann es ebenfalls zu derartigen Situationen kommen. Wenn eine solche Gefahr besteht, rät die Leiterin der Beratungsstelle dazu, die Telefonnummer zu wechseln, um erst einmal zur Ruhe finden und auch einen klaren Schlussstrich ziehen zu können.

Es gibt aber auch Fälle, in denen Freunde oder Beziehungspartner durch den geteilten Glauben an eine Verschwörungserzählung etwas verbindet, das sie umso mehr zusammenschweißt. So etwas sollte man bei Interventionen unbedingt im Blick haben, denn der Bruch mit der Überzeugung hat für die jeweilige Person unter Umständen zur Folge, dass wichtige Beziehungen plötzlich wegzubrechen drohen, da nun das verbindende Element fehlt. Gleichzeitig können sich durch solche Konstellationen aber auch Chancen ergeben. Wenn etwa eine zuvor gleichgesinnte Person im direkten Umfeld verkündet, die Verschwörungserzählung nicht mehr für bare Münze zu nehmen, kann dies manchmal den Anstoß für ein Umdenken geben. Schließlich können diese Menschen auch auf emotionaler Ebene oftmals deutlich besser nachfühlen, welche Konflikte sich in dem anderen abspielen, wenn er mit dem Gedanken spielt, mit dem eigenen Glauben zu brechen.

Immer wieder werden in QAnon-Selbsthilfegruppen Schilderungen über das Innenleben zerrütteter Ehen geteilt, in denen ein Partner die Scheidung als letzten Ausweg – auch zum Schutz der gemeinsamen Kinder – beschreibt. Insbesondere Bürgerkriegsfantasien, die mit dem Wunsch nach Bewaffnung oder sogar paramilitärischen Trainings einhergehen – wobei manchmal die ganze Familie in solche Übungen mit einbezogen wird –, können zu realen Bedrohungen und sogar Traumata führen. Der extremste Vorfall in Bezug auf den Verschwörungsglauben von Eltern, den Sabine Riede jemals im Rahmen ihrer Arbeit erlebt hat, stand in Bezug zu QAnon. In einem Anruf an die Beratungsstelle wurde geschildert, ein Ehepaar habe sich immer stärker radikalisiert und dann eines Tages gesagt: »Bevor die meine Kinder kriegen und denen Blut abzapfen, bringen wir uns lieber als Familie um.« Daraufhin wurde das Jugendamt eingeschaltet. Solche Fälle, betont Riede, seien jedoch in der Praxis die absolute Ausnahme.

Welche Folgen hat es für ein Kind, wenn es in einem Haushalt aufwächst, in dem Verschwörungserzählungen den Alltag bestimmen? Die Leiterin der Sekten-Info Nordrhein-Westfalen trifft in der Beratungsarbeit immer wieder auf derartige Fälle – gerade im Zusammenhang mit der Corona-Pandemie. »Diese Kinder fallen in der Schule schnell auf, wenn die eigene Mutter etwa sagt: ›Du brauchst keinen Mund-Nasen-Schutz, darum gebe ich dir keinen mit.‹ In der Schule werden diese Kinder dann natürlich von den Mitschülern schräg angeguckt.« Sabine Riede rät Lehrern in solchen Situationen dazu, eine Ersatzmaske parat zu haben und diese bei Bedarf anzubieten.

Nicht immer geht die Konfrontation mit Verschwörungsideologien aber von den Eltern aus. »Uns wurde geschildert, dass die Großeltern dem Kind erzählt haben: ›Wenn du in der Schule einen Menschen im weißen Kittel siehst, der dir eine Spritze geben will, dann musst du laut schreien und wegrennen.‹« Auf Kinder können Geschichten, in denen es heißt, jemand wolle sie vergiften oder töten, natürlich massiv verstörend wirken. »In solchen Fällen raten wir dann auch schon mal dazu, dass man die Kinder nicht mehr ohne Aufsicht bei den Groß-

eltern lässt, um bei Bedarf möglichst schnell argumentativ eingreifen zu können«, erklärt Sabine Riede. »Oder man sagt: In
nächster Zeit können wir uns nicht mehr so oft treffen.« Obers-
tes Ziel derartiger Interventionen sollte dabei stets sein, schwierige Situationen für Minderjährige zu vermeiden und eventuelle
Loyalitätskonflikte des Kindes abzumildern.

Verschwörungserzählungen können schwerwiegende Ängste
in Kindern auslösen und auch eine Gesundheitsgefahr für sie
darstellen. Daher ist es sinnvoll, sowohl bei engen verschwörungsgläubigen Freunden als auch in der Familie hier eine klare
Grenze zu vereinbaren – und vor allem, nicht wegzusehen. Verschwörungsideologen mobilisieren immer wieder Kinder von
Anhängern und laden sie beispielsweise in geschlossene Messenger-Gruppen ein, um sie stärker in diese Welt zu ziehen. Sabine Riede berichtet von einem Fall, in dem eine junge Frau sich
Sorgen um ihre jüngere Schwester machte, die noch im Haushalt der verschwörungsgläubigen Eltern lebte. Ihre Intervention sah so aus, dass sie beschloss, mehr Zeit mit ihrer kleinen
Schwester allein zu verbringen, um ihr so immer wieder aufs
Neue Alternativen zum elterlichen Glauben aufzuzeigen.

Wie wir bereits gesehen haben, gibt es kein Patentrezept
zum Umgang mit Verschwörungsgläubigen – dazu sind nicht
nur die individuellen Geschichten, sondern auch die zwischenmenschlichen Beziehungsgeflechte dahinter schlichtweg zu ver-
schieden. Angehörige und Freunde stellen sich oft die Frage, ab
wann ein Kontaktabbruch vertretbar erscheint. Viele Posts in
dem eingangs zitierten Reddit-Forum zum Thema QAnon wirken fast so, als suchten die Verfasser dort eine Art Absolution für
das endgültige Kappen aller Verbindungen. Derartige Entscheidungen fallen niemandem leicht – besonders wenn es um enge
Angehörige, den Partner oder langjährige Freundschaften geht.

Wer über einen solchen Schritt nachdenkt, sollte daher zunächst die Alternativen evaluieren.

Druck und Drohungen sind in zwischenmenschlichen Beziehungen nie ein adäquates Mittel. Sabine Riede rät stark davon ab, Verschwörungsgläubigen mit einem Kontaktabbruch zu drohen in der Hoffnung, eine Veränderung der Einstellung quasi erzwingen zu können. »Die meisten schalten dann sofort auf stur. Sie haben durch ihre Beschäftigung mit der Verschwörungsideologie sowieso oft das Gefühl, sie gehörten einer neuen Gruppe an. Sie haben neue Freunde gefunden, sie fühlen sich bestätigt. Mit Kontaktabbruch zu drohen würde eher zu einem Trotzverhalten führen.« Bei wiederkehrenden Eskalationen sei es daher eher ratsam, zunächst eine Kontaktpause vorzuschlagen. Etwa, indem man sagt: »Wir streiten uns in letzter Zeit so viel, lass uns da mal Ruhe reinbringen. Wir gehen dann aber wieder aufeinander zu.« Oder: »Wir machen jetzt mal jeder was für sich, aber ich freue mich dann auch, dich wiederzusehen.« Eine solche Atempause kann in einigen Fällen dazu führen, dass dem anderen womöglich erst bewusst wird, wie viel ihm an der anderen Person liegt – und dass sie schmerzlich fehlt. Infolgedessen ist dann oft auch eine größere Bereitschaft da, Grenzen zukünftig zu respektieren.

Die Hoffnung, dass ein radikaler Bruch wie eine Art Weckruf auf die betreffende Person wirken könne, stellt sich oft als trügerisch heraus. Im Zuge einer zunehmenden Radikalisierung kann es nämlich passieren, dass Verschwörungsgläubige den Kontakt zu Andersdenkenden nach und nach kappen und das eigene soziale Leben immer stärker in Gruppierungen Gleichgesinnter hineinverlagern. Dort werden sie in ihrer jeweiligen Haltung dann nur noch mehr bestärkt. Im Buch *Escaping the Rabbit Hole* schildert ein ehemaliger Anhänger sehr eindrücklich die Folgen einer solchen Dynamik: »Wenn du einmal draußen bist,

[…] dann fühlst du dich leer. […] Es gibt sehr schüchterne und introvertierte Menschen, für die ist ihre Verschwörungsgruppe alles, was sie haben. Wenn sie die Gruppe verlassen, dann sind auch ihre wenigen Freunde fort. Das ist ein sehr traumatisches Erlebnis.« Die Psychotherapeutin Dorothee Scholz empfiehlt daher, so lange es geht die emotionale Verbindung zu dem betreffenden Menschen aufrechtzuerhalten – gleichzeitig aber im Blick zu haben, dass es eben auch Grenzen geben muss und dass es auch legitim ist, diese für sich einzufordern. Letztendlich sollte man sich immer wieder klarmachen, dass kein Mensch einen anderen gegen seinen Willen aus dem Kaninchenbau verfestigter verschwörungsideologischer Denkmuster ziehen kann. Man kann ein Angebot machen, unterstützen, immer wieder Impulse setzen – doch die Entscheidung, mit dem Glauben zu brechen, liegt nicht in den eigenen Händen.

Eine solche Erkenntnis, dass es eben Grenzen der eigenen Möglichkeiten gibt, kann entlastend wirken. Gerade weil Interventionen bei einem stark gefestigten Glauben meist eine langfristige Angelegenheit sind, ist es umso wichtiger, dabei auch die eigene psychische Gesundheit nicht aus den Augen zu verlieren. Solche Situationen können extrem belastend sein. Zudem können verschwörungsideologische Überzeugungen in Zeiten der Pandemie dazu führen, dass Anhänger ein Gesundheitsrisiko darstellen, weil sie sich allen vor Ansteckung schützenden Maßnahmen verweigern. Auch der im Verschwörungsglauben oft enthaltende Rassismus und Antisemitismus ist für das Umfeld meist nur schwer ertragbar. Sollte der Kontakt in solchen Fällen trotzdem aufrechterhalten werden, gilt es auf jeden Fall, trotzdem klar zu signalisieren, dass man die Ansichten keineswegs teilt. Insbesondere bei rassistischen oder antisemitischen Erzählungen ist es zudem wichtig, unabhängig vom Grad der

verbliebenen Gesprächsbereitschaft nicht einfach über entsprechende Aussagen hinwegzusehen, da Schweigen auch als Zustimmung gewertet werden kann. Wenn es trotz der genannten Strategien nicht gelingt, die Situation nachhaltig zu verbessern, und man merkt, dass einen die Beschäftigung mit dem Thema stark belastet, ist es verständlich, sich erst einmal aus Selbstschutz zurückzuziehen und eine Pause einzulegen.

Es gibt auch Fälle, in denen die persönliche Entscheidung zum vollständigen Kontaktabbruch absolut nachvollziehbar erscheint. Etwa, wenn gesetzte Grenzen immer wieder übergangen werden, beständig aggressiv versucht wird, andere in den Verschwörungsglauben mit hineinzuziehen, und sich im Alltag das Verhalten derart radikal verändert, dass die Situation für das

Umfeld zunehmend einer andauernden Zerreißprobe gleicht. Ob und, wenn ja, wann ein solcher Punkt erreicht ist – das ist eine schwierige Entscheidung, die einem keiner abnehmen kann. Bei der individuellen Bewertung macht es dabei für viele Menschen einen Unterschied, ob es sich um einen entfernten Bekannten handelt oder aber um die beste Freundin aus Kindertagen. Entscheidend sind aber immer auch die eigenen Kapazitäten, mit der manchmal sehr umfassenden Veränderung des anderen umzugehen, vor allem wenn die Auseinandersetzung damit langfristig an die eigene Substanz geht und die Überzeugungen und Handlungen dieser Person auch andere gefährden. Wenn etwa ein enges Familienmitglied sich einer rechtsextremen Reichsbürger-Gruppierung anschließt, immer wieder rassistische oder antisemitische Verschwörungserzählungen zum Besten gibt und sich dann weigert, das Thema am Weihnachtstisch vor den Kindern ruhen zu lassen, ist es nachvollziehbar, wenn die Familie beschließt, lieber ohne die betreffende Person feiern zu wollen. Da es sich bei Reichsbürgern zudem um ein Milieu mit hoher Gewaltbereitschaft handelt, sollten die Folgen dieser Ideologie für andere Menschen und auch die Sicherheit des eigenen Umfelds hierbei niemals außer Acht gelassen werden. Letztendlich muss man sich die Frage stellen: Gibt es noch eine realistische Chance, dass die Person Abstand von der Verschwörungsideologie nimmt? Und wenn nicht, kann oder will ich unter diesen Umständen den Kontakt überhaupt aufrecht erhalten?

Egal für welchen Weg man sich beim Umgang mit Verschwörungsgläubigen im privaten Umfeld entscheidet – es kann sinnvoll sein, frühzeitig Unterstützung zu suchen. Oft kann es bereits helfen, sich mit engen Vertrauten über eine belastende

Situation auszutauschen, damit man das Ganze zumindest nicht völlig allein mit sich ausmachen muss. Schon die Rückmeldung von außen zu bekommen, dass man mit seinen Erfahrungen keineswegs allein ist und dass dies auch kein Grund sein sollte, sich zu schämen, wirkt oft bereits entlastend. Darüber hinaus können Beratungsstellen oder spezialisierte Therapeuten helfen. Doch wann ist eigentlich der Punkt erreicht, an dem man externe Hilfe hinzuziehen sollte? Die Leiterin der Sekten-Info Nordrhein-Westfalen blickt mittlerweile auf sechsunddreißig Jahre Berufserfahrung in der Beratung bei ideologischen Glaubensüberzeugungen zurück und sagt: »Der erste Satz von Menschen, die sich bei uns melden, lautet fast immer: ›Ich habe jetzt schon alles versucht, ich habe schon so viel erklärt, aber die Person hört einfach nicht auf mich.‹ Es wäre besser, wenn Menschen sich deutlich früher melden würden – noch bevor die Fronten derart verhärtet sind.«

Wie sage ich es? Tipps zur Gesprächsführung

Widersprechen und zugleich Gesprächsbereitschaft signalisieren

»Jedem steht es frei zu glauben, was er will, aber mich überzeugt das einfach nicht. Trotzdem interessiert mich, was du denkst.«

Herausfinden, warum der andere das glaubt

»In der Hinsicht haben wir wahrscheinlich erst einmal unterschiedliche Haltungen. Aber du bist mir wichtig, und ich finde es gut, dass wir uns trotzdem austauschen. Ich glaube, ich würde gern besser verstehen, was dich an dieser Sache so begeistert.«

Gespräche deeskalieren

»Ich merke gerade, dass wir beide lauter werden und uns gar nicht mehr richtig zuhören. Vielleicht machen wir besser eine kleine Pause und unterhalten uns nachher weiter, denn eigentlich finde ich unser Gespräch sehr spannend.«

Abwertende Begriffe ansprechen

»Ich habe dich immer als Menschen erlebt, dem Respekt sehr wichtig ist. Der Begriff ›Schlafschaf‹ klingt aber sehr entwertend für mich und gibt mir das Gefühl, du würdest meine Meinung von vornherein lächerlich finden. Wenn das Gespräch so verläuft, fühle ich mich damit echt unwohl. Ist es dir nicht auch wichtig, dass wir auf Augenhöhe miteinander sprechen?«

Quellen hinterfragen

»Ich finde es ebenfalls wichtig, selbst zu denken, diese Eigenschaft schätze ich auch an dir. Jetzt scheint mir das, was du mir gerade erzählt hast, aber aus einer Quelle übernommen zu sein. Hast du das mal kritisch nachgeprüft, zum Beispiel, ob finanzielle oder politische Interessen dahinterstecken?«

Bekehrungsversuche eindämmen

»Ich merke, dass dir das Thema sehr wichtig ist. Aber unsere Freundschaft ist mir auch sehr wichtig, und ich fände es schade, wenn dieses Thema ständig zwischen uns steht. Ich merke, dass ich da auch eine Grenze habe und unsere Unterhaltungen nicht immer darauf reduzieren möchte. Hast du einen Vorschlag, wie wir damit in Zukunft umgehen können, ohne immer wieder da zu landen?«

Rassistische oder antisemitische Äußerungen benennen

»Du weißt, dass ich deine Meinung achte – aber solche Verallgemeinerungen/Antisemitismus/Rassismus sind nicht in Ordnung. Da habe ich echt eine Grenze, und ich möchte dich ehrlich bitten, diese zu respektieren.«

Den Fokus verschieben

»Du bist mir wichtig, und ich achte dein Recht auf Meinungsfreiheit – ich würde dich nur bitten, auch meine
Meinung zu achten. Wir müssen einander nicht überzeugen, um uns zu mögen. Vielleicht kommen wir damit
gerade auch nicht weiter und lassen es erst mal so stehen.
Wollen wir stattdessen lieber [andere Tätigkeit, anderes
Thema vorschlagen]?«

Obsessive Beschäftigung thematisieren

»Ich habe das Gefühl, dir geht es nicht gut. Mir liegt sehr
viel an dir. Hast du das Gefühl, es tut dir gerade gut, dich
damit zu beschäftigen?«

Eine Kontaktpause wünschen

»Du bist ein wichtiger Mensch in meinem Leben, und
das wirst du auch immer sein. Ich habe aber das Gefühl,
dass deine Position mehr und mehr verhindert, einander wirklich zwischenmenschlich zu begegnen. Bei mir
ist eine Grenze erreicht, und ich brauche eine Pause von
den Inhalten, die du in letzter Zeit vertrittst. Ich hoffe
ehrlich, dass es uns bald wieder möglich sein wird, unsere Freundschaft so zu leben, wie wir es beide kennen.«

Alle irre? Psychische Erkrankungen und Verschwörungsglaube

Viele Menschen haben das Gefühl, dass sie andere »wie ein offenes Buch lesen« können. Aber stimmt das denn überhaupt? Lässt sich wirklich so einfach feststellen, wie jemand »tickt«? Ob eine Person etwa lügt oder die Wahrheit sagt? Welche Probleme einen Menschen insgeheim beschäftigen? Oder ob sich hinter dem Glauben an eine große Verschwörung womöglich eine psychische Erkrankung verbirgt?

»So geht Mimik lesen – Ich sehe, wie du lügst« oder »Mikroexpressionen erkennen und Menschen lesen«, heißt es in Boulevardzeitschriften. Auch in Fernsehserien wird uns oft versucht weiszumachen, dass es ganz einfach sei, herauszufinden, was Menschen denken. In der US-Serie *Lie to me* übernehmen Dr. Cal Lightman und seine Kollegen der Lightman Group verschiedene Aufträge, bei denen sie anhand von Mikroexpressionen Lügner entlarven und so die Wahrheit herausfinden. Die Idee, dass man Gefühle anhand von Mikroexpressionen deuten kann, geht auf den Psychologen Paul Ekman zurück, der die Serie auch wissenschaftlich begleitet hat. Ekman veröffentlichte 1978 das sogenannte Facial Action Coding System (FACS), das Psychologen bei der Beschreibung von spontanen Gesichtsausdrücken helfen soll. Innerhalb dieses Systems wird nahezu jeder sichtbaren Bewegung der Gesichtsmuskulatur eine »Bewegungseinheit« zugeordnet, die sogenannten Action Units (AU).

Das FACS zählt insgesamt vierundvierzig solcher Einheiten, die dann wiederum verschiedenen Basisemotionen zugeordnet werden. Spontane Wut zeigt sich nach diesem System beispielsweise durch Zusammenziehen der Augenbrauen (AU 4), Heben des oberen Augenlides (AU 7), Anspannen der Augenlider (AU 7) und aufeinandergepresste Lippen (AU 23). Unsere Reaktion auf derartige Annahmen äußert sich durch: Hochziehen der inneren und äußeren Augenbraue und der oberen Lippe sowie Absenken des Kinns – wir sind überrascht.

Lässt sich so wirklich erkennen, wenn eine Person lügt? Und zwar im echten Leben, nicht nur im Labor? Ekman wollte mit diesem System eine objektive Möglichkeit schaffen, Emotionen zu identifizieren. Nicht nur in Laborstudien, sondern auch in der echten Welt. Er wollte mit seiner Arbeit Polizei und CIA unterstützen, wenn es darum geht, Verbrecher zu fangen. Ekman hatte große Visionen. Und im Labor funktionierte seine Idee bei Versuchen mit standardisierten Fotos auch ganz gut. Im echten Leben ist es aber natürlich deutlich schwieriger, am Gesicht quasi die Gedanken des anderen abzulesen. Wenn Menschen von etwas berichten, dann tun sie das in der Regel nicht mit starrem Gesichtsausdruck, sondern mit schnell wechselnder Mimik. Beim Lügen spielen nicht nur spontane Basisemotionen, also Freude, Trauer, Überraschung, Angst oder Verachtung, eine Rolle. Es gibt zahlreiche Variationen von Körpersprache und -ausdruck, die den Gesamteindruck beeinflussen, den wir von anderen haben. Hinzu kommt: Emotionale Ausdrücke sind nicht immer eindeutig. Einige Menschen reagieren auf Stress mit Lachanfällen. Manchmal weinen wir vor Freude. Außerdem gibt es Menschen, die unglaublich gut darin sind, ihre Mimik beim Lügen zu regulieren. Selbst mithilfe eines standardisierten und objektiven Systems kann man also nicht so leicht herausfinden, ob ein Mensch die Wahrheit sagt. Auch wenn der Ansatz von Ekman spannend ist und man dadurch einiges über den Ausdruck von Gefühlen lernen kann, lässt sich anhand dessen im echten Leben nicht zweifelsfrei sagen, was ein Mensch denkt oder fühlt.

In Fernsehserien greifen Ermittler in derart kniffligen Situationen manchmal auch zum Lügendetektortest. Ein solches Gerät versucht, auf Basis von körperlichen Reaktionen wie Blutdruck, Puls oder der Atemfrequenz festzustellen, wann ein Mensch lügt und wann er die Wahrheit sagt. Doch so einfach, wie das im TV oft dargestellt wird, ist das bei Weitem nicht. Man stelle sich einmal vor, man selbst würde fälschlicherweise einer Straftat verdächtigt werden. Wenig später findet man sich in einem Vernehmungszimmer wieder, und zwei Beamte mustern einen von oben bis unten. Die ersten Fragen sind noch einfach. Der Polizist fragt, wie man heißt, wo man geboren wurde und ob die Anschrift aktuell ist. Man ist vielleicht angespannt und auch etwas gestresst, kann sich aber noch ganz gut kontrollieren. Dann kommen die kritischen Fragen: Wo waren Sie am letzten Sonntag gegen 18 Uhr? Gibt es jemanden, der das bezeugen kann? Ist es richtig, dass Sie und der Verstorbene sich am Vortag gestritten haben? Selbst wenn man unschuldig ist, können derartige Fragen immensen Stress auslösen – schließlich weiß man ja genau, was auf dem Spiel steht. In einer solchen Situation könnte es passieren, dass ein Lügendetektor bei Ihnen ausschlägt. Nicht etwa, weil Sie lügen. Sondern weil die körperlichen Reaktionen sich plötzlich sehr stark von den einfachen Fragen am Anfang unterscheiden, die vom System als Vergleichswert herangezogen werden.

Zahlreiche Studien zeigten anhand von Experimenten, dass Lügendetektortests nicht nur oft falschliegen, sondern auch durch Kontrolle der eigenen Körperfunktionen gezielt ausgetrickst werden können. Genau aus diesem Grund spielen solche Tests in TV-Serien eine viel größere Rolle als in der tatsächlichen Polizeiarbeit. Herauszufinden, ob ein Mensch die Wahrheit sagt oder lügt, ist eben in der Realität gar nicht so einfach.

Was hat das alles jetzt mit der Frage zu tun, ob psychische Erkrankungen beim Glauben an eine große Verschwörung eine Rolle spielen? Ganz einfach: Solche Beispiele machen deutlich, wie schwer es ist, das Innenleben eines Menschen zu beurteilen – noch dazu als Laie. Hinzu kommt, dass wir oft dazu neigen, Dinge von uns auf andere zu projizieren oder verzerrt zu betrachten. Eltern, die ein Kind erwarten, sehen etwa plötzlich überall Schwangere, die ihnen vorher nicht aufgefallen wären. Wer selbst eine schwere Kindheit hatte, sucht bei Gesprächen über Probleme vielleicht eher bei anderen nach Belegen für ähnliche Erfahrungen. Und wer schlechte Laune hat, ist weniger großzügig bei Fehlern anderer, als wenn er gerade im Lotto gewonnen hätte. Selbst äußere Faktoren wie etwa Hitze oder räumliche Enge beeinflussen, wie wir Menschen bewerten. An einem heißen Tag im vollgepackten Bus beispielsweise sind wir schneller genervt. Es ist verlockend, sich selbst als neutralen Beobachter zu sehen, doch der Schein trügt. Gleich ob wir gute Laune haben, unter Stress leiden, uns kalt ist oder der Hunger uns plagt – all das kann sich darauf auswirken, wie wir andere gerade wahrnehmen und ihre Handlungen interpretieren. Bei der Bewertung von menschlichem Verhalten sollte man also immer erst einmal einen Schritt zurücktreten und genau überlegen, ob man solche Urteile wirklich treffen kann. Sonst macht man vielleicht sogar das, was man anderen vorwirft: unsaubere Schlüsse ziehen auf Basis von verzerrten Daten.

Wie stellt man nun aber fest, ob ein Mensch psychisch erkrankt ist? Depressionen oder eine Borderline-Erkrankung können schließlich nicht so einfach wie ein Knochenbruch durch eine Röntgenaufnahme diagnostiziert werden. Für eine solide Diagnose psychischer Erkrankungen braucht es gut ausgebildete Fachärzte, Psychiater oder psychologische Psychotherapeuten. Um als Psychotherapeut praktizieren zu dürfen, durchläuft man erst einmal ein Psychologiestudium und beginnt dann die Weiterbildung im Bereich Psychotherapie, die in der Regel mehrere Jahre dauert. Erst nach dieser langen Ausbildung darf man Menschen überhaupt therapieren. Ähnlich sieht es beim Psychiater aus, denn dieser absolviert zunächst ein Medizinstudium und macht nach dem Abschluss eine Zusatzausbildung im Bereich Psychiatrie. Und selbst nach diesem langen Training braucht es spezielle Verfahren und Tests, damit im konkreten Behandlungsfall überhaupt Aussagen getroffen werden können. Im Fall einer Therapie ist der erste Schritt meistens eine Untersuchung, um körperliche Erkrankungen – wie zum Beispiel eine Schilddrüsenerkrankung – als Mitverursacher der psychischen Beschwerden ausschließen zu können. Das macht dann meist der Haus- oder Facharzt. Ein Psychiater oder Psychotherapeut findet anschließend in Vorgesprächen heraus, was für eine Vorgeschichte der Patient mitbringt und welche psychischen Erkrankungen in der Vergangenheit vielleicht schon diagnostiziert wurden. Auch Erkrankungen in der Familie sind hierbei wichtig, da einige psychische Störungen genetisch bedingt sein können. Es folgt ein diagnostisches Gespräch, in dem die Beschwerden dann möglichen Diagnosen zugeordnet werden. So kann der Experte feststellen, ob eine oder mehrere psychische Erkrankungen vorliegen und wie schwerwiegend sie sind. Darauf aufbauend kann entschieden werden, welche Form der Therapie sinnvoll ist.

Wenn man merkt, dass sich ein Freund oder Familienmitglied plötzlich stark und deutlich verändert, **kann** das ein
Anzeichen für eine psychische Krise sein – die Ursache kann
wohlgemerkt aber auch ganz woanders liegen. Veränderungen,
die das Umfeld hellhörig werden lassen, können dabei völlig
unterschiedlich aussehen. Etwa, wenn die Person sich auf einmal extrem gehen lässt, obwohl ihr Aussehen ihr vorher sehr
wichtig war. Ein Anstieg des Konsums von Alkohol oder Be-
ruhigungsmitteln kann ebenfalls ein Alarmzeichen sein. Auch
heftige Veränderungen in der allgemeinen Stimmung können
auf psychische Krisen hindeuten. Die Person ist vielleicht
leicht reizbar, reagiert schnell aggressiv, weint rasch. Sie neigt
zu Streit, verliert den Humor. Zunehmend zweifelt sie an ihren
Fähigkeiten. Gleichzeitig sollte man sich aber bei aller Sorge

auch darüber im Klaren sein, dass jeder Mensch im Laufe seines Lebens immer wieder Krisen durchlebt, etwa bei Trennungen oder dem Verlust des Jobs. Das Durchmachen einer schweren Zeit deutet nicht zwingend darauf hin, dass ein Mensch unter einer psychischen Erkrankung leidet. Wie gesagt: Derartige Diagnosen trifft aus gutem Grund der Facharzt – und nicht der Laie.

Was also tun, wenn man Angst hat, dass eine nahestehende Person psychisch erkrankt sein könnte? Im ersten Schritt kann es helfen, die eigene Wahrnehmung sensibel und unter vier Augen offen anzusprechen. Etwa, indem man der anderen Person sagt, dass man das Gefühl hat, sie habe sich verändert, und dass man sich Sorgen macht. Hierbei ist es wichtig, äußerst vorsichtig und behutsam vorzugehen. Wenn das Umfeld merkt, dass man mit der Situation allein überfordert ist, kann man trotzdem selbst nach Hilfe für den Betroffenen suchen. Aber auch hier ist große Sensibilität geboten, damit sich dieser nicht hintergangen fühlt. Gerade bei Menschen mit starkem Misstrauen ist Transparenz unglaublich wichtig. Bei der Suche nach externer Hilfe für eine Person im eigenen Umfeld ist der eigene Hausarzt ein möglicher erster Ansprechpartner. Sollte es sich aber um einen akuten Notfall handeln (beispielsweise bei Suizidandrohungen), ruft man am besten umgehend den sozialpsychiatrischen Dienst.

Wie wird aber nun festgestellt, ob eine Person psychisch krank ist? Eine solche Diagnose basiert in der Regel auf der International Classification of Diseases, dem ICD-10 (Internationale statistische Klassifikation der Krankheiten und verwandter Gesundheitsprobleme). Das ICD-10 wird von der Weltgesundheitsorganisation (WHO) herausgegeben und ist in vielen Ländern rechtlich weitgehend verbindlich. Psychische und Verhaltensstörungen finden sich im Kapitel V (F00-F99) des *ICD-10*. Dort werden unterschiedliche Kategorien differenziert, wie etwa organische Störungen (wie Demenz), psychotrope Substanzen (zum Beispiel Abhängigkeit), Persönlichkeits- und Verhaltensstörungen (wie die paranoide Persönlichkeitsstörung) oder Schizophrenie und wahnhafte Störungen.

Bei einer starken Ausprägung eines Verschwörungsglaubens mutmaßt das direkte Umfeld nicht selten, dass es sich hierbei um eine paranoide Persönlichkeitsstörung handeln könnte. Die meisten Menschen können sich grob etwas darunter vorstellen, schließlich tauchen in Filmen und Büchern oft Figuren auf, deren Verhalten durch eine starke Paranoia gekennzeichnet ist. In Hollywood-Produktionen werden Anhänger von Verschwörungserzählungen oft entweder als Helden, die eine tatsächliche Verschwörung aufdecken, oder aber als paranoide Sonderlinge dargestellt, die in ihrer Wohnung merkwürdige Diagramme an die Wand zeichnen und in einer Fantasiewelt leben. Aber wie viel ist dran an solchen Klischees?

Erst einmal: Es gibt empirisch Überlappungen zwischen dem Verschwörungsglauben und milden Formen von Paranoia oder Schizotypie. Das zeigen verschiedene Studien. Beide eint beispielsweise, dass Menschen ein starkes Misstrauen haben oder eher dazu neigen, voreilige Schlüsse zu ziehen. Allerdings heißt das natürlich noch nicht, dass wir es hierbei mit einer psychischen Erkrankung zu tun haben. Wo liegt also der Unterschied zwischen einer psychischen Erkrankung wie Paranoia und einem Verschwörungsglauben? Im *ICD-10* findet sich die paranoide Persönlichkeitsstörung unter der Kennziffer F60.0. Typisch bei einer solchen Diagnose ist eine besonders starke Empfindlichkeit des Patienten gegenüber Zurückweisung, ein langes Nachtragen erlebter Kränkungen sowie ein übertriebenes Misstrauen. Menschen mit dieser Form der Persönlichkeitsstörung haben die Tendenz, das Verhalten anderer eher als feindselig zu verstehen. Selbst von außen harmlos wirkende Verhaltensweisen werden oftmals als eindeutiges Zeichen der Ablehnung interpretiert. Für das private Umfeld kann dies eine harte Belastungsprobe darstellen. Die Betroffenen verdächtigen andere immer wieder aufs Neue ohne hinreichenden Grund und behaupten, von ihnen ausgenutzt, geschädigt oder getäuscht zu werden. Eine Überraschungsparty wird nicht als nette Geste ausgelegt, sondern der Betroffene glaubt vielleicht, man wolle sich über ihn lustig machen. Der gut gemeinte Rat eines Freundes wirkt durch die Brille einer paranoiden Persönlichkeitsstörung wie die heimtückische Falle eines Feindes, der man tunlichst nicht auf den Leim gehen sollte. Das Innenleben der Betroffenen ist von Angst vor Enttäuschung, Manipulation und Betrug gekennzeichnet. Sie können niemandem mehr trauen – oft nicht einmal mehr dem eigenen Partner oder der Familie.

Auch Verschwörungsgläubige zeigen häufig ein starkes Misstrauen: »Die da oben« werden für alles Schlechte in der Welt verantwortlich gemacht. Eine Pandemie hat dann plötzlich ihren Ursprung im geheimen Plan mächtiger Eliten, oder der Unfalltod eines Prominenten ist Teil einer groß angelegten Verschwörung. Trotzdem kann man nicht einfach sagen, dass der Verschwörungsglaube pathologisch oder Teil einer psychischen Erkrankung sei. Wahnvorstellungen allein reichen auch gar nicht aus für die Diagnose einer Schizophrenie oder einer paranoiden Persönlichkeitsstörung. Laut *ICD-10* müssen beispielsweise mindestens vier der folgenden Eigenschaften oder Verhaltensweisen vorliegen, um von einer paranoiden Persönlichkeitsstörung sprechen zu können:

1. Übertriebene Empfindlichkeit gegenüber Zurückweisung;
2. Neigung, dauerhaft Groll zu hegen, das heißt subjektiv erlebte Beleidigungen, Verletzungen oder Missachtungen werden nicht vergeben;
3. Misstrauen und eine anhaltende Tendenz, Erlebtes zu verdrehen, indem neutrale oder freundliche Handlungen anderer als feindlich oder verächtlich missdeutet werden;
4. Streitbarkeit und beharrliches, situationsunangemessenes Bestehen auf eigenen Rechten;
5. häufiges ungerechtfertigtes Misstrauen hinsichtlich der sexuellen Treue des Ehe- oder Sexualpartners;
6. ständige Selbstbezogenheit, besonders in Verbindung mit starker Überheblichkeit;
7. häufige Beschäftigung mit unbegründeten Gedanken an Verschwörungen als Erklärungen für Ereignisse in der näheren oder weiteren Umgebung.

Der Blick ins *ICD-10* macht sehr deutlich, dass es einen großen Unterschied zwischen Verschwörungsglauben und einer Persönlichkeitsstörung gibt. Wenn eine Person an Verschwörungen glaubt, ist also nicht automatisch davon auszugehen, dass sie wahnhaft ist oder unter einer anderen psychischen Erkrankung leidet. Man kann es gar nicht oft genug wiederholen: Derartige Diagnosen können nicht von Laien gestellt werden, sondern bedürfen einer sorgfältigen Anamnese durch einen Experten. Vielleicht waren Sie bei der Lektüre der genannten Kriterien bereits in Gedanken bei einer konkreten Person aus Ihrem Umfeld. Und vielleicht haben Sie gedacht: »Oh, da erkenne ich ja einiges wieder!« Doch eine solche Einschätzung kann trügerisch sein. Viele dieser Eigenschaften tragen wir alle nämlich mehr oder weniger ausgeprägt in uns – ohne eine psychische Erkrankung aufzuweisen, die therapiert werden muss. Tatsächlich sind viele der aufgezählten Überzeugungen auch in der Allgemeinbevölkerung weit verbreitet. Misstrauen in Beziehungen ist ein gutes Beispiel: Menschen können ihrem Partner mehr oder weniger stark vertrauen. Das kann zum einen etwas mit dem Partner selbst zu tun haben, aber auch mit eigenen Erfahrungen aus vorangegangenen Beziehungen sowie mit der individuellen Prägung. Ein starkes Misstrauen ist also für sich genommen nicht zwangsläufig ein Indikator für eine psychische Erkrankung. Selbst ein ausgebildeter Psychotherapeut braucht viel Erfahrung und Fachkenntnisse, um festzustellen, ab wann eine Verhaltensweise im klinischen Sinne problematisch wird.

Aber auch qualitativ lassen sich deutliche Unterschiede zwischen Verschwörungsglauben und Wahnvorstellungen bei psychischen Erkrankungen finden. Hierzu gibt es verschiedene wissenschaftliche Arbeiten, die sich damit auseinandergesetzt haben (zum Beispiel von Ronald W. Pies und Joseph M. Pierre oder Roland Imhoff und Pia Lamberty). Verschwörungserzählungen werden in der Psychologie als die Annahme definiert, dass als mächtig wahrgenommene Personen einen geheimen Plan hegen, um der Gesellschaft oder Teilen davon zu schaden. Eine solche Annahme ist sehr oft falsch, es gibt aber immer wieder auch Beispiele für tatsächliche Verschwörungen – etwa in Form von Kartellabsprachen in der Wirtschaft oder bei Korruptionsskandalen. Ziel solcher echten Verschwörungen ist meistens dann eher, sich selbst zu bereichern oder die eigene Macht auszubauen und weniger, der Gesellschaft als Ganzes zu schaden. Wahnvorstellungen hingegen sind per Definition falsch, sonst wären es keine Wahnvorstellungen. Beim sogenannten Vergiftungswahn glauben Menschen, dass andere sie vergiften wollen. Betroffene trauen sich dann nicht mehr, in Restaurants zu essen, oder geraten in Panik, wenn der Vater ihnen eine selbst gemachte Suppe serviert. Auch Liebeswahn zählt zu den klinisch untersuchten Phänomenen. Ein solcher Wahn ist von der fixen Vorstellung der Betroffenen gekennzeichnet, eine andere Person würde sie insgeheim lieben, und nichts und niemand kann sie vom Gegenteil überzeugen. Für den vermeintlichen Traumpartner kann eine solche Situation sehr belastend und teilweise sogar gefährlich sein, da er gegen die Wahnüberzeugung nur wenig ausrichten kann.

Auch bei dem Ursprung der jeweiligen Überzeugung gibt es deutliche Unterschiede. Wahnvorstellungen entstehen in der Regel von innen heraus und sind Bestandteil eines Krankheitsprozesses. Die Person glaubt dann beispielsweise, dass alle Menschen in der U-Bahn sie eigentlich ausspionieren wollen. Jeder Blick, jede Verhaltensweise wird als Teil der Verschwörung gegen einen selbst gewertet. Angerissene Briefe werden zum Beleg, dass jemand hinter einem her ist. Wenn der Computer abstürzt, wird das innerhalb dieser Wahrnehmungswelt zum untrüglichen Zeichen dafür, dass andere einen ausspionieren. Sogar Spam-E-Mails werden als Beleg einer angeblichen Verschwörung gedeutet. Verschwörungserzählungen können zwar auch von Anhängern selbst ausgedacht werden, doch so etwas ist eher die Ausnahme. Meistens haben die jeweiligen Mythen ihren Ursprung in extern bereitgestellten Quellen wie sozialen Medien oder Messenger-Kanälen. Teilweise sind Verschwörungserzählungen wie etwa der Mythos einer angeblichen jüdischen Weltverschwörung kulturell tief verankert und werden seit Jahrhunderten von Generation zu Generation weitergegeben und dabei immer wieder an aktuelle Ereignisse angepasst. Ein gutes Beispiel dafür ist die sogenannte Ritualmordlegende, in der Minoritäten beschuldigt werden, im Rahmen von Ritualen Morde an Angehörigen der Mehrheitsgesellschaft zu begehen. Diese Geschichte tauchte das erste Mal im England des zwölften Jahrhunderts auf. Es wurde behauptet, Juden würden das Blut von Christenkindern für das Pessach-Fest benötigen und deshalb angeblich Kinder umbringen. Dieser antisemitische Mythos wurde zum dauerhaften Stereotyp im christlichen Antijudaismus und findet sich auch heute in leicht abgewandelter Form wieder – unter anderem bei QAnon. Im Rahmen des sogenannten Adrenochrom-Mythos behaupten QAnon-Anhänger, mächtige Gruppen und Personen würden Kinder quälen, um ein Verjüngungsmittel aus ihrem Blut herzustellen. Derartige Geschichten werden auch politisch instrumentalisiert, indem etwa Anhänger von Donald Trump politische Konkurrenten beschuldigen, Teil dieser angeblichen Verschwörung zu sein.

Verschwörungserzählungen und Wahnvorstellungen unterscheiden sich außerdem darin, wie sehr sie mit anderen geteilt werden. Bei Verschwörungserzählungen gibt es eine Form von »Gemeinschaft«. Man tauscht sich in Online-Gruppen aus oder trifft sich auf Demonstrationen. Bei Wahnvorstellungen ist ein solcher Austausch hingegen in der Regel nicht möglich, weil die jeweilige Geschichte meist sehr stark auf die eigene Person zugeschnitten ist.

Ein weiterer wichtiger Punkt: Bei Wahnvorstellungen sind sehr häufig Halluzinationen anzutreffen – insbesondere in Fällen von Schizophrenie. Das findet man beim Verschwörungsglauben eher selten – auch wenn es dazu noch nicht genug Forschung gibt. Menschen mit Wahnvorstellungen sind infolgedessen oft erheblich beeinträchtigt in ihrer gesellschaftlichen und privaten Lebensgestaltung. Bei Verschwörungsgläubigen führt die Ideologie eher selten dazu, dass ein normales Leben nicht mehr möglich ist. Natürlich gibt es Extremfälle, bei denen das anders ist – aber diese sind die Ausnahme.

Ein weiterer wichtiger Unterschied findet sich beim Feindbild: Das Misstrauen bei Wahnvorstellungen oder Paranoia richtet sich grundsätzlich erst einmal gegen alle. Das kann der eigene Partner, die Mutter oder der Chef sein, die einem angeblich nur Schlechtes wollen. Bei Verschwörungserzählungen sind jedoch »die da oben« die Feinde. Und diese Feinde wollen angeblich nicht nur dem Verschwörungsgläubigen, sondern auch der Gesellschaft als Ganzes schaden. Während paranoider Wahn also stärker damit zusammenhängt, Misstrauen gegenüber anderen Personen zu empfinden, ist der Verschwörungsglaube eher mit Misstrauen gegenüber der Gesellschaft assoziiert. Eine paranoide Person glaubt beispielsweise, dass ihre Wohnung voller Wanzen ist, mit denen sie abgehört wird. Beim Verschwörungsglauben denken Menschen hingegen, dass Impfungen mit Mikrochips angereichert werden, um der Gesellschaft insgesamt zu schaden.

Auch wenn der Glaube an Verschwörungen meistens kein Fall für die Therapeuten-Couch ist, gibt es natürlich Menschen, bei denen beides gleichzeitig auftreten kann: Der Betroffene glaubt an Verschwörungserzählungen und ist zugleich psychisch instabil. Das ist eine besonders problematische Situation, denn der Glaube an eine große Verschwörung kann sich darauf auswirken, wie man sich in Bezug auf sein eigenes Wohlbefinden und die Gesundheit verhält. In einigen einschlägigen Gruppen wird etwa offen dazu aufgerufen, Psychopharmaka und andere Medikamente nicht einzunehmen, da die Behandlung psychischer Erkrankungen aus Sicht einiger Verschwörungsideologen dem alleinigen Zweck dient, ihre Anhänger vom rechten Weg abzubringen. In solchen Fällen ist es zu empfehlen, eine professionelle Beratung hinzuzuziehen.

Insgesamt lässt sich also zusammenfassen: Verschwörungserzählungen und paranoide Wahnvorstellungen sind qualitativ klar voneinander zu unterscheiden. Der Glaube an Verschwörungen ist erst einmal kein krankhaftes Phänomen – dafür ist er auch zu weit in der Gesellschaft verbreitet. Trotzdem können Verschwörungserzählungen manchmal in eine psychische Krankheit integriert werden. Erste Erhebungen deuten darauf hin, dass es eine Häufung von psychischen Erkrankungen bei spezifischen Gruppierungen zu geben scheint. Die Psychologin Sophia Moskalenko hat sich mit Anhängern von QAnon in den USA auseinandergesetzt, die ideologisch motivierte Verbrechen begangen haben. Es wurden insgesamt sechsundfünfzig Straftäter untersucht, von denen siebenundzwanzig an der Stürmung des Kapitols beteiligt waren. Die Informationen hierzu stammen aus der »Profiles of Individual Radicalization in the United States (PIRUS)«-Datenbank. »Mir ist aufgefallen, dass sich die QAnon-Anhänger in einem entscheidenden Punkt von den Radikalen unterscheiden, die ich normalerweise untersuche: Sie haben viel häufiger schwere psychische Erkrankungen«, so Moskalenko. Die Wissenschaftlerin machte die Entdeckung, dass die Anhänger ein breites Spektrum an psychischen Erkrankungen aufwiesen, darunter bipolare Störungen, Depressionen, Angstzustände und Suchtkrankheiten. Laut den Gerichtsakten von Prozessen gegen QAnon-Anhänger, die nach der Stürmung des Kapitols Anfang Januar 2021 verhaftet wurden, gaben 68 Prozent an, dass bei ihnen vorher psychische Erkrankungen diagnostiziert worden seien. Das ist ein deutlich höherer Anteil als in der US-Bevölkerung insgesamt. Warum gerade diese Menschen psychisch labiler zu sein scheinen, ist allerdings noch eine offene Frage. Sicher ist aber: Man sollte daraus nicht den Schluss ziehen, QAnon sei an sich ein rein psychologisches Problem. Schließlich handelt es sich hierbei um eine menschenfeindliche Ideologie, deren brutale Konsequenzen in Form von Hass, Hetze und Gewalt immer wieder sichtbar wurden.

Digitale Zivilcourage

Mirielle ist Mitte dreißig, sie ist Mitglied keiner Partei, und man sieht sie eher selten auf Demonstrationen. Und doch sitzt sie nach Feierabend manchmal bis spät nachts am Rechner und liefert sich stundenlange Wortgefechte mit Personen, die sie noch nie in ihrem Leben getroffen hat – und denen sie wahrscheinlich auch niemals begegnen wird. Oft geht es dabei um Verschwörungserzählungen, die in Kommentarspalten großer Zeitungen oder bei YouTube verbreitet werden. »Ich gehe in Debatten rein, in denen stark mit Beleidigungen gearbeitet wird, und versuche zu deeskalieren«, erklärt sie. »Meist geht es dann von der Beleidigung recht schnell in den Dialog.« In solchen Diskussionen will sie Menschen, die Verschwörungserzählungen oder Falschmeldungen verbreiten, dazu anzuregen, ihre Annahmen kritisch zu hinterfragen. Oft drehen sich die Gespräche um Themen wie Corona oder Migration. Bei Anhängern von Verschwörungserzählungen fällt ihr auf, dass die vorgebrachten Argumente häufig Lücken aufweisen. »Einmal habe ich mit einer Frau diskutiert, die glaubte, Corona sei ein großer Schwindel. Die Quelle, die sie mir nannte, beinhaltete aber gar nicht die von ihr suggerierten Schlussfolgerungen. Auf solche logischen Fehler weise ich dann hin.«

Der raue Umgangston in vielen Kommentarspalten nervt sie zwar, für sie bringt die Online-Kommunikation aber vor allem Vorteile: »Ich würde mich niemals trauen, auf einer Demo in so eine Diskussion reinzugehen, das wäre für mich emotional viel zu belastend. Online geht das aber, denn dort kann ich mich jederzeit ausklinken.« Die Gespräche in den Kommentarspalten ziehen sich manchmal über mehr als zwanzig Nachrichten hin. Immer wieder passiert es auch, dass die Kommunikation abrupt abbricht – wenn etwa ihrem Gegenüber die Argumente ausgehen. Doch das macht Mirielle nichts aus. Viele ihrer Freunde können nicht verstehen, warum sie so viel Zeit in Diskussionen mit Menschen steckt, die derart abwegige Meinungen vertreten. Doch ihr ist das Ganze ein persönliches Anliegen. »Am Ende des Tages müssen wir als Gesellschaft irgendwie gemeinsam funktionieren, gleichzeitig driften wir aber immer weiter auseinander«, sagt sie. Ein anderer Grund ist persönlicher Natur: Sie selbst ist in einem familiären Umfeld aufgewachsen, in dem Ideologien eine schmerzhafte Rolle gespielt haben. Für sie sind die nächtlichen Interventionen in den Kommentarspalten eine Möglichkeit, anderen Menschen aus geschlossenen Weltbildern herauszuhelfen.

Als wir Mirielle fragen, ob sie schon einmal erlebt hat, dass sie am Verschwörungsglauben eines anderen etwas ändern konnte, schüttelt sie jedoch den Kopf. »Aber das ist schon okay. Manche schreiben, sie könnten meine Position nun besser verstehen. Das ist für mich bereits ein Erfolg. Ich glaube nicht, dass ich allein etwas ändern kann. Solche Diskussionen können jedoch einen langfristigen Prozess anstoßen. Vielleicht überdenken sie ja eines Tages doch ihre Meinung. Das ist meine große Hoffnung. Ich bin ja nicht die Einzige, die solche Debatten führt.«

Die Initiative #ichbinhier bringt Menschen zusammen, denen es ähnlich geht wie Mirielle. Die Idee kommt ursprünglich aus Schweden, dort hatte die Journalistin Mina Dennert 2016 die Gruppe #jagärhär ins Leben gerufen, die heute mehr als 70 000 Mitglieder zählt. Erklärtes Ziel beider Initiativen: ein Zeichen setzen gegen Hass im Netz. Juliane Chakrabarti lebt in Hamburg, ist siebzig Jahre alt, Rentnerin und Mitglied des Vereinsvorstands von #ichbinhier. »In meinem Berufsleben habe ich eigentlich nie Zeit gehabt, mich politisch zu engagieren. Irgendwann habe ich aber gedacht: Das reicht mir nicht aus«, erklärt sie.

Die Facebook-Gruppe von #ichbinhier zählt rund 44 000 Mitglieder, die meisten davon sind weiblich. Ehrenamtliche »Scannerinnen« der Gruppe verfolgen Facebook-Posts reichweitenstarker Medien und arbeiten nach einem Schichtplan. Wenn Artikel besonders stark polarisieren und innerhalb der ersten 15 Minuten mehr als 30 Prozent der Kommentare eindeutige Hassbotschaften enthalten, wird entschieden, ob #ichbinhier eine Intervention startet. In diesem Fall werden Gruppenmitglieder zu Hilfe gerufen, die dann in der jeweiligen Kommentarspalte in die Debatte einsteigen und sich klar gegen Hassbotschaften positionieren oder Faktenchecks zum Thema posten. Pro Tag gibt es drei bis vier solcher Mitmach-Aktionen. Rechtsextreme Medien oder Seiten von Verschwörungsideologen werden dabei allerdings ganz bewusst ausgeklammert. Dort bestünde nämlich das Risiko, dass die vielen Kommentare der Gruppenmitglieder dank des Facebook-Algorithmus problematischen Inhalten ungewollt mehr Reichweite bescheren. Zudem sind die Erfolgsaussichten für Diskussionen hier äußerst gering. »Wir glauben nicht, dass wir Menschen mit festgefahrener Meinung noch erreichen können«, gibt Juliane Chakrabarti zu bedenken. Es mache eben wenig Sinn, mit überzeugten Rechtsextremisten oder Antisemiten zu diskutieren. »Wir zielen auf die Gruppe ab, die wir die stillen Mitleser nennen.«

Während in den ersten Jahren nach Gründung der Initiative im Jahr 2016 vor allem hasserfüllte Postings zum Thema Migration und aus der rechtsextremen Szene heraus organisierte Shitstorms gegen einzelne Medien oder Personen im Mittelpunkt standen, sind 2020 zunehmend Falschmeldungen und Mythen zur Pandemie in den Fokus gerückt. »Solche Verschwörungserzählungen treffen jetzt auf ein Publikum, das auf besondere Weise verängstigt und verunsichert ist – das ist noch mal ein ganz anderer Nährboden. Diejenigen, die diese Verschwörungserzählungen bewusst streuen, suchen sich natürlich auch gezielt solche Communities. Das ist zumindest unsere Erfahrung.«

Bei Diskussionen im digitalen Raum sollte man sich allerdings stets klarmachen, dass es auch hier Grenzen geben muss: Wenn eine Person fest daran glaubt, dass Menschen durch Impfungen zwangsgechippt und umgebracht werden sollen, ist eine normale Diskussionsgrundlage nicht mehr gegeben. Gleiches gilt auch für viele der antisemitischen und geschichtsrevisionistischen Vergleiche. Wenn ein Nutzer etwa Maßnahmen zu Pandemie-Eindämmung mit dem Holocaust vergleicht, sollte man nicht mehr diskutieren, sondern sich eindeutig positionieren und sagen, dass hier Grenzen überschritten worden sind. Gegenrede ist wichtig, weil sie sich auch an diejenigen richtet, die solche Debatten nur von außen mitverfolgen.

Immer wieder geht es bei Interventionen von #ichbinhier darum, bei Shitstorms gegenzuhalten. Minoritäten werden dabei besonders häufig zur öffentlichen Zielscheibe erklärt, die Täter kommen oft aus dem rechtsextremen Spektrum. Auch Frauen treffen solche koordinierten Attacken deutlich massiver. Der Feministin Juliane Chakrabarti macht diese Entwicklung große Sorgen: »Kommunalpolitikerinnen, Journalistinnen und Gamerinnen werden inzwischen sehr viel stärker zu Opfern von Hassrede und persönlichen Angriffen.« Gerade bei Frauen nimmt der Hass zudem noch einmal eine besonders abscheuliche Form an, wenn etwa massenhaft sexistische Kommentare über das Äußere in Kommentarspalten landen oder aber sehr explizite Vergewaltigungsdrohungen gepostet werden. In solchen Situationen interveniert die Gruppe dann auch auf privaten Facebook-Seiten der Betroffenen – allerdings nur, wenn diese das ausdrücklich wünschen. Da wird etwa dazu aufgerufen, hasserfüllte Kommentare bei der Plattform zu melden, damit sie gelöscht werden. Nicht wegzuschauen, wenn so etwas passiert, ist extrem wichtig. Denn digitale Hetze kann auch dazu führen, dass Frauen sich seltener in öffentlichen Debatten äußern oder sich sogar ganz von Online-Plattformen zurückziehen.

Hass im Netz – damit haben wir als Autorinnen, die sich mit dem Thema Verschwörungsideologien beschäftigen, leider auch schon unsere Erfahrungen machen müssen. »Früher mussten sich ehrgeizige Weiber mühsam hochbumsen oder in der Peepshow abrackern, heute reicht für eine Pseudoemanzen-Karriere ein lächerliches Büchlein gegen rechts! Geht putzen oder stricken! Denn für den Straßenstrich seid ihr zu hässlich!«, heißt es da etwa, oder: »Guantanamo! Gott wird Sie richten. Die Wahrheit kommt ans Licht.« Es macht ein mulmiges Gefühl im Bauch, wenn plötzlich solche Nachrichten im eigenen Mailpostfach aufschlagen – dabei gehört Derartiges noch zu den harmloseren Varianten. Wer sich öffentlich zum Thema Verschwörungsideologien äußert oder gar prominente Verfechter derartiger Thesen kritisiert, muss sich leider häufig mit Beleidigungen und Drohungen herumschlagen. Es wird einem der Tod gewünscht oder gar konkret damit gedroht, dass jemand einen umbringen werde. Und solche Drohungen werden bei Weitem nicht nur anonym getätigt – teils werden sie von beruflichen E-Mail-Accounts verschickt oder mit den kompletten Adressdaten in der Signatur. Wir haben Briefe mit wüsten Beleidigungen erhalten – ausgedruckt auf dem offiziellen Briefpapier des Arbeitgebers. Diese Menschen haben keine Scheu mehr, ihren Hass zu verbreiten und an einzelnen Personen auszulassen.

Mit dieser Erfahrung stehen wir keineswegs allein da. Verschwörungsideologen verbreiten, Politiker seien »psychopathische Massenmörder«, oder Staatsanwälte und Richter gehörten »an die Wand gestellt«. Der deutsche QAnon-Propagandist Oliver Janich textete in seinem Telegram-Kanal mit mehr als 160 000 Abonnenten vielsagend: »Ich will sie hängen sehen!« und »Holt die Seile!«. Manch ein Anhänger versteht derartige Hetze als Aufforderung, selbst aktiv zu werden. Wer als Zielperson markiert wird, kann sich auf eine Flut von Hassbotschaften gefasst machen – bis hin zu Morddrohungen. Manchmal wird dabei sogar die ganze Familie ins Visier genommen.

Anthony Fauci, Immunologe und einer der wichtigsten Berater der US-Regierung während der Corona-Pandemie, sah sich einer immensen Zahl sehr expliziter und schrecklicher Drohungen ausgesetzt. »Es ist einfach außergewöhnlich«, sagte Fauci im Interview mit *CNN*. »Ich habe so etwas noch nie erlebt.« Unter anderem wurde ein Brief mit einer auf den ersten Blick verdächtig erscheinenden Substanz an seine Privatadresse geschickt, ein Vorfall, den er als »sehr, sehr beunruhigend« für ihn und seine Familie bezeichnete. Schließlich soll so eine Botschaft signalisieren: »Selbst zu Hause bist du nicht mehr sicher!« Auch die bekannte deutsche Virologin Melanie Brinkmann spricht von einem erschreckenden Ausmaß von Drohungen gegen ihre Person. Im Interview mit dem *Spiegel* berichtete sie: »Ich habe meinen beiden älteren Jungs gesagt: Guckt bitte, ob ihr Leute seht, die vor dem Haus herumgehen und sich merkwürdig benehmen.« Daraufhin habe ihr dreizehnjähriger Sohn jedoch gemeint: »Mama, es ist wichtig, dass du allen erklärst, was bei Corona passiert, und dafür im Fernsehen bist. Du musst das weitermachen.« Eine solche Hetze geht trotzdem nicht spurlos an einem vorbei. Melanie Brinkmann berichtete im Gespräch mit *Deutschlandfunk Nova*, dass sie nach einem Auftritt in einer Talkshow oft aufgrund der vielen Hassbotschaften erst einmal eine Pause brauche.

Nur weil Hetze online stattfindet, heißt das nicht, dass sich die Folgen ausschließlich auf den digitalen Raum beschränken.

Im Februar 2021 musste der deutsche SPD-Bundestagsabgeordnete Karl Lauterbach seinen Arztdienst in einem Impfzentrum in Leverkusen aufgrund massiver Drohungen absagen. Digitaler Hass hat für Betroffene immer auch reale Konsequenzen.

»Wenn du dich in diesem Feld bewegen willst, dann sind da eben nicht nur harmlose Menschen, die sich darüber ärgern, dass sie eine Maske tragen sollen, sondern da stecken auch Leute dahinter, die eine klare politische Agenda haben«, gibt #ichbinhier-Vorstandsmitglied Juliane Chakrabarti zu bedenken. »Einzelnen Mitgliedern von uns ist es schon passiert, dass jemand ihnen geschrieben hat: ›Ich weiß, wo dein Auto steht.‹ Solche Sachen machen natürlich auch Angst.« Einige Frauen, die bei Hass-Postings zum Thema Migration intervenierten, bekamen anschließend Vergewaltigungsandrohungen von Rechtsextremisten zugeschickt. Die Gruppenmitglieder werden daher dazu angehalten, sich vorab Gedanken darüber zu machen, wie sie sich selbst schützen – etwa durch eine Begrenzung der Sichtbarkeit des eigenen Facebook-Profils. Familienfotos und Freundeslisten sollten auf privat gestellt werden, ebenso Informationen zum Arbeitgeber. Wichtig sei zudem, auch die eigene psychische Gesundheit nicht aus dem Blick zu verlieren und sich nicht zu viel zuzumuten, damit eine Abgrenzung von dem online Erlebten im Privatleben noch möglich ist. Man darf an der Stelle auch nicht vergessen, dass es für manche deutlich leichter ist, online gegenzuhalten, als für andere. Wer jüdisch oder schwarz ist, dem wird vermutlich mehr Hass entgegenschlagen. Daher ist es wichtig, nicht nur darauf zu schauen, Verschwörungsgläubige »zurückzuholen«, sondern auch denen zur Seite zu stehen, die Hass erfahren.

Egal ob Migrationsdebatte oder Corona – der Umgang mit Verschwörungserzählungen ist oft ermüdend. Anhänger posten

immer wieder die gleichen Argumente, die durch diverse Faktenchecks längst widerlegt worden sind. Auch wenn es nicht
gelingt, Menschen zum Umdenken zu bewegen, so erreicht
man doch immerhin diejenigen, die in den Kommentarspalten nur mitlesen und sich anhand dessen ihre Meinung bilden.
Juliane Chakrabarti geht es vor allem darum, dass Lügen, Hass
und Hetze nicht unwidersprochen stehen bleiben: »Wir wollen
Menschen dazu ermutigen, digitale Zivilcourage auszuüben. Jeder und jede kann sich erst mal engagieren, wie er und sie will.
Wir glauben nur, dass es eben sehr entmutigend sein kann, sich
allein auf den Weg zu machen. Auch, weil ein Großteil der Hass-
Posting ja darauf abzielt, dass Menschen sich eingeschüchtert
zurückziehen. Und wenn jemand das immer nur allein macht,
dann ist es bald sehr kräftezehrend. Dafür sind Gruppen wie
wir eben gut.« Sie kann es sehr gut nachvollziehen, wenn Menschen sich angesichts von hasserfüllten Debatten nicht trauen,
online allein Gegenrede zu betreiben. Doch wenn man selbst
in dem Moment nicht die Kraft oder die Zeit habe, in Diskussionen reinzugehen, gebe es eine Sache, die jeder tun könne:
»Dann like einfach das, was andere Leute schreiben, was du gut
und richtig findest und was sachlich und respektvoll ist – allein
das verändert schon etwas.«

Bei öffentlicher Gegenrede ist es wichtig, sich vorab einige
grundlegende Gedanken über das eigene Vorgehen zu machen.
In verschwörungsideologischen Gruppen kursieren immer wieder geschmacklose Bildmontagen, in denen dann beispielsweise
ein prominenter Virologe mit dem Kriegsverbrecher Josef Men-
gele, Arzt im NS-Vernichtungslager Auschwitz, verglichen wird.
Oder aber einer Politikerin werden falsche Zitate in den Mund
gelegt, die nahelegen, sie wolle einen »großen Austausch« der

Bevölkerung Europas vorantreiben. Das Tückische an Falschmeldungen ist, wie bereits erwähnt, dass oft genug etwas hängen bleibt. Die Wiederholung einer Lüge – und sei sie noch so absurd – führt eben dazu, dass sie auf einige Menschen glaubwürdiger wirkt. Wer auf derartige Lügen und Hetze hinweisen will, dabei aber selbst die Bildmontagen verbreitet – etwa mit einem kritischen Kommentar versehen –, spielt Verschwörungsideologen manchmal, ohne es zu wollen, in die Hände. Daher sollte man im Einzelfall immer sehr genau abwägen und sich selbst die Frage stellen: »Ist es wirklich notwendig, die problematischen Inhalte an dieser Stelle im Original wiederzugeben?« Betroffene sehen sich zudem oft mit dem Problem konfrontiert, dass abscheuliche Bildmontagen oder falsche Zitate sich in Windeseile in sozialen Netzwerken verbreiten. Selbst wenn es gelingen sollte, eine Löschung des Original-Postings auf einer der vielen Plattformen zu erwirken, ist es dann nahezu unmöglich, die Inhalte wieder aus der Welt zu schaffen, da sie sich längst übers ganze Netz verbreitet haben. Einige Medien sind daher dazu übergegangen, bei Berichten über Falschmeldungen den Hinweis »Fake« oder »Debunked« auf solche Bilder oder Grafiken zu schreiben – damit auch bei einer aus dem Kontext gerissenen Weiterverbreitung stets klar ist, dass es sich hierbei um Lügen handelt.

Es ist wichtig zu skandalisieren, wenn in Online-Gruppierungen Lügen und Hetze verbreitet werden. Trotzdem sollte tunlichst vermieden werden, Inhalte verschwörungsideologischer oder rechtsextremer Accounts auf Social Media direkt zu teilen oder zu verlinken – selbst wenn ein richtigstellender oder kritischer Kommentar dazu ergänzt wird. Wer regelmäßig Hassprediger verlinkt oder Screenshots aus einschlägigen Messenger-Channels verbreitet, beschert den Akteuren nämlich eine noch größere Reichweite – selbst wenn die Aussagen ausdrücklich verurteilt werden. Und Reichweite ist nun mal die wichtigste Währung in sozialen Medien.

Vor einer Reaktion sollte man sich außerdem stets fragen: »Was ist Teil der Inszenierung, und wie lässt sich damit brechen? Welche Rolle spielen hierbei bestimmte Begriffe?« Rechtsextreme Influencer verbreiten beispielsweise seit Jahren, Politiker würden bei der Migrationspolitik einen geheimen Plan zur »Umvolkung« verfolgen. Hierzu muss man wissen: Diese Geschichte ist eine moderne Variante des »White Genocide«-Narrativs, bei dem Rechtsextremisten behaupten, es gebe einen Plan zur Auslöschung der »weißen Rasse« – häufig werden dabei Juden als angebliche Drahtzieher stigmatisiert. Es handelt sich hierbei also um ein rechtsextremistisches und hochgradig rassistisches Weltbild, in dem das Ideal einer homogenen weißen Gesellschaft propagiert wird. Der Begriff »Umvolkung« hat mit einer sachlichen Kritik an Migrationspolitik rein gar nichts zu tun. Dies gilt es klar zu benennen, statt die jeweiligen Sprachbilder ohne Einordnung zu reproduzieren.

Eine mögliche Strategie zum Umgang mit Hass im Netz, die oft angewendet wird, ist Humor. Betroffene veranstalten manchmal sogar öffentliche Lesungen, bei denen sie Beleidigungen und Drohungen vorlesen und diese humorvoll kommentieren. Die Botschaft, die von solchen Veranstaltungen ausgeht, ist eindeutig: »Wir entscheiden selbst, wie wir damit umgehen. Und wir lassen uns nicht einschüchtern!« Auch bei Verschwörungserzählungen ist Humor eine mögliche Herangehensweise, hierbei gilt es allerdings, einige Fallstricke zu beachten.

In jedem Fall sollte vermieden werden, die dahinterstehende Ideologie zu verharmlosen. Ein beliebter Gegenstand von Witzen und Sketchen ist etwa der Fehlglaube, dass außerirdische Echsenmenschen insgeheim die Welt regieren würden. Die Geschichte wirkt auf den ersten Blick derart absurd, dass es schwer nachvollziehbar erscheint, wie Menschen so etwas ernsthaft glauben können. Und nicht wenige halten solche Mythen deshalb auch für skurril, aber harmlos. Wer sich allerdings näher mit diesem Milieu beschäftigt, dem dürfte schnell das Lachen vergehen. David Icke, der wohl bekannteste Verbreiter des Reptiloid-Narrativs, macht in seinen Publikationen immer wieder Anspielungen auf antisemitische Verschwörungserzählungen. Ein Blick in die Kommentarspalten unter manch einem seiner Videos zeigt, dass Hass gegen Juden in seiner Anhängerschaft weit verbreitet ist. Hinzu kommt ein weiteres Problem: Der Glaube daran, dass Barack Obama und andere Prominente insgeheim außerirdische Echsenmenschen seien, geht mit einer systematischen Entmenschlichung der vermeintlichen Verschwörer einher. Gewalt kann so viel einfacher legitimiert werden. Selbst wenn Verschwörungserzählungen also auf den ersten Blick ungefährlich wirken, lohnt es sich, einen kritischen Blick auf die zugrunde liegenden Strukturen zu werfen und genau zu überlegen, welche Implikationen ein solcher Glaube mit sich bringt.

Manchmal reagieren Kritiker von Verschwörungsideologen auch mit Satire und posten Dinge wie etwa: »Heute habe ich meine Impfung mit dem Gates-Chip bekommen, und es wirkt! Seitdem finde ich die Regierung einfach nur super!« Derartige Reaktionen sind auf emotionaler Ebene zwar nachvollziehbar, im direkten Kontakt mit Verschwörungsgläubigen kann eine solche vermeintlich offensichtliche Überspitzung aber auch potenziell nach hinten losgehen. Das folgende Beispiel macht das gut deutlich. Vor einigen Jahren sorgte ein verwackeltes Video unter Chemtrails-Anhängern für große Aufregung. Die weniger als zwei Minuten lange Aufnahme zeigt ein US-Militärflugzeug, das beeindruckend dichte Kondensstreifen hinter sich herzieht. Gefilmt wurde vom Cockpit eines weiteren Flugzeugs aus, das dicht hinter der Militärmaschine flog. Aus dem Off ist folgender Dialog zu hören:

> Person 1: »Siehst du, wie sie Chemtrails versprühen?«
>
> Person 2: »Ja. Gut, dass wir uns darüber befinden.«
>
> Person 1: »Ich weiß!«
>
> Person 2: »Sonst wären wir jetzt tot.«
>
> Person 1: »Ich muss das auf YouTube stellen.«
>
> Person 2 (lacht): »Du filmst das gerade? Oh Gott, film das jetzt nicht!«
>
> Person 1: »Es sieht aus, als würde es aus den Flügeln heraus versprüht.«
>
> Person 2: »Produzier bitte keine Beweise!«

Es handelte sich hierbei um einen Scherz, den sich ein Ingenieur erlaubt hatte. Weder er noch sein Gesprächspartner hatten Zweifel daran, dass es sich bei dem gefilmten Phänomen um ganz gewöhnliche Kondensstreifen handelte – sie wollten sich einfach über Chemtrails-Anhänger lustig machen. Das Problem war nur: In der Verschwörungs-Community wurde der Witz nicht als solcher verstanden. Vielmehr wurde das Video in den darauffolgenden Jahren eifrig als vermeintlich endgültiger Beweis für die Existenz einer großen Verschwörung herumgereicht.

Derartige Reaktionen sind kein Einzelfall. Ein Kölner Kioskbesitzer berichtete uns nach einer gewalttätigen rechtsextremen Demonstration entsetzt davon, dass ein ominöser Verein namens »Antifa e.V.« Demonstrationsgelder auszahlen würde und die Gegendemonstration eigentlich ein Fake sei. Was als

Scherz in sozialen Medien verbreitet wird, kann also schnell ein Eigenleben entwickeln und Feindbilder zusätzlich verschärfen. Witze und starke Übertreibung eignen sich daher meist nicht dazu, Verschwörungsgläubigen den Spiegel vorzuhalten und sie aufzurütteln.

Immer wieder kommt es sogar vor, dass Artikel aus Satire-Magazinen in einschlägigen Gruppen geteilt werden und deren Inhalt für bare Münze genommen wird. Als das deutsche Satiremagazin *Der Postillon* in einem humoristischen Beitrag behauptete, auf Hinweise gestoßen zu sein, die angeblich zweifelsfrei belegen würden, dass der Verschwörungsideologe Attila Hildmann insgeheim von der Bundeskanzlerin bezahlt und gesteuert werde, reagierten seine Follower entsetzt. Dabei war der Artikel eine offensichtliche Satire auf die fantasievolle »Beweisführung« in einschlägigen Gruppen. Das mutmaßliche Beweis-bild, das den Verschwörungsideologen im Gespräch mit Angela Merkel zeigt, war eine absichtlich schlecht gemachte Fotomon-tage. Als weiteres »Indiz« wurde ein angeblich gefundener gelber Zahlungsbeleg mit der Summe 666 666 Euro angeführt, unterzeichnet von einer ominösen »Bundesrepublik Deutsch-land GmbH«. Jeder, der in der Lage ist, einen Quittungsblock im Schreibwarenladen zu kaufen, kann so etwas leicht fälschen. Das Satiremagazin wollte damit aufzeigen, wie unkritisch der Umgang mit angeblichen Beweisen innerhalb des Verschwö-rungsmilieus ist und welche Maschen hierbei angewendet wer-den.

Aber was lässt sich daraus für den Umgang mit Verschwö-rungsgläubigen im eigenen Umfeld lernen? Zum einen gilt es stets zu berücksichtigen, dass ein vermeintlich offensichtlicher Witz von Anhängern grundfalsch verstanden werden kann. Zum anderen birgt Humor aber auch die Gefahr, dass eine ge-fährliche Ideologie verharmlost wird. Dies gilt es zu vermeiden, schließlich wird aus der verschwörungsideologischen Szene heraus viel Hass und Antisemitismus verbreitet. Verschwö-rungsgläubige sind eben nicht immer nur »verführte Opfer«, sondern oft genug auch Täter. Wer gefährliche Ideologien ein-fach belächelt, kann damit unbeabsichtigt Betroffenen von Hass signalisieren: »Alles halb so schlimm, ist doch eigentlich ganz lustig.«

Davon abgesehen liegt eine weitere Erkenntnis auf der Hand: Wenn noch ein letzter Funke Hoffnung auf Dialog und Einsicht vorhanden ist, sollte in privaten Gesprächen vermie-den werden, sich über die Ansichten des Gegenübers lustig zu machen. Niemand sieht es schließlich gern, wenn die eigene Überzeugung als lächerlich abgetan wird. Obwohl dahinter oft die gute Absicht steht, dem Freund oder der Schwester die Absurdität der Behauptungen aufzuzeigen, ist der Effekt doch viel häufiger ein anderer. In dem Buch *Escaping the Rabbit Hole* beschreibt ein ehemaliger Anhänger der Flat-Earth-Verschwörungserzählung diese Erfahrung wie folgt: »Wenn Freunde annahmen, ich würde über meinen Glauben an die Flache Erde scherzen, half mir das nicht, ihren Standpunkt zu verstehen. Es führte vielmehr dazu, dass ich sie loswerden und andere Freunde finden wollte, die mich verstehen.«

Verschwörungsideologien als Gefahr für die Gesellschaft

Im August 2020 kommt es am Rande großer Proteste von Corona-Leugnern und Verschwörungsideologen in Berlin zu einem Vorfall, der das ganze Land in Schockstarre versetzt. »Trump ist in Berlin, die ganze Botschaft ist hermetisch abgeriegelt! Wir haben fast gewonnen!«, schreit eine junge Frau mit Dreadlocks heiser von der kleinen Bühne vor dem Reichstag ins Mikrofon. »Wir müssen jetzt beweisen, dass wir alle hier sind! Und wir gehen da drauf und holen uns heute hier und jetzt unser Hausrecht!« Daraufhin setzt sich eine Menge aus mehreren Hundert Menschen in Bewegung. Sie überwinden Absperrungen und rennen auf den Sitz des Deutschen Bundestags zu. An diesem Tag entstehen Bilder, die in der rechtsextremen Szene noch lange wie eine Trophäe herumgereicht werden: Einige wenige Polizeibeamte versuchen die Menge davon abzuhalten, das Parlamentsgebäude zu stürmen. Reichsbürger und QAnon-Anhänger posieren mit Reichsflaggen vor dem Deutschen Bundestag.

Als Bernd diese Bilder in den Nachrichten sieht, hat er einen Kloß im Hals. Denn er weiß, irgendwo inmitten dieser Menge ist ein Mitglied seiner Familie. Er versteht bis heute nicht, wie es so weit kommen konnte. Denn eigentlich schien bis vor einem Jahr alles normal. Doch mit Ausbruch der Pandemie wurde plötzlich alles anders. Ana ist Mitte zwanzig, gebildet, steht mitten im Leben – doch die Beschäftigung mit Geschichten über ein angebliches großes Corona-Komplott wird sie wenige Monate später zu der Demonstration von rechtsextremen Verschwörungsideologen führen. »Davor hatte sie mit Verschwörungserzählungen, soweit ich weiß, nichts am Hut«, berichtet uns Bernd. Durch das Internet sei sie dann aber schnell in Kontakt mit allerhand radikalen Gruppierungen gekommen. Schon bald war Ana überzeugt, Corona sei ein großer Schwindel, überall sah sie plötzlich mächtige Eliten am Werk. Egal ob Kondensstreifen am Himmel oder Maskenpflicht im Supermarkt – durch die Brille der Ideologie deutete sie alltägliche Beobachtungen als untrügliche Zeichen dafür, dass eine »Neue Weltordnung« drohe.

Zu Beginn der Pandemie wurde die Familie mit Links zu Videos bombardiert, später auch dazu gedrängt, mit zu Demonstrationen zu kommen. Die junge Frau kapselte sich mehr und mehr von ihrem bisherigen Umfeld ab, wähnte sich in einer Diktatur und sprach davon, in den »Widerstand« gehen zu wollen. »Man fühlt sich machtlos«, sagt Bernd. »Ich habe sie vorher nicht als rechts wahrgenommen. Mittlerweile findet sie die AfD gut. In unserer Familie gibt es Menschen, die von Rassismus betroffen sind, und ich weiß nicht, ob sie begreift, dass wir uns durch ihre Ansichten natürlich auch bedroht sehen müssen.«

Wenn Angehörige oder enge Freunde überall eine Verschwörung wittern, erschwert dies sehr oft das soziale Miteinander. Das zeigen die vielen, teils tragischen Geschichten von Angehörigen. Aber auch für die Gesellschaft hat so ein Weltbild Konsequenzen, und daher ist es wichtig, sich kritisch mit den politischen und gesellschaftlichen Implikationen von Verschwörungsideologien auseinanderzusetzen. Beispiele für die

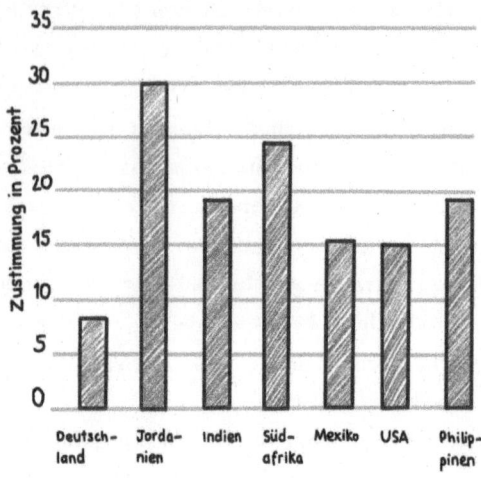

Es gibt einen Zusammenhang zwischen der Verbreitung des Corona-Virus und dem Ausbau des 5G-Internet-Netzes.

Quelle: #FreedomFightsFake, Friedrich-Naumann-Stiftung, Juli 2020

Auswirkungen des Glaubens an einen großen geheimen Plan gibt es viele – und sie sind äußerst beunruhigend.

Die direkten Folgen zeigen sich auch bei Verschwörungserzählungen über den neuen Mobilfunkstandard 5G, welche weltweit zu gewalttätigen Übergriffen führten. In der peruanischen Provinz Acobamba hielten Dorfbewohner acht Techniker eines Internetanbieters mehrere Tage lang gefangen und ließen sie erst nach Verhandlungen wieder frei. Behörden auf der ganzen Welt gehen zudem davon aus, dass zahlreiche Anschläge im Zusammenhang mit dem Mobilfunk auf das Konto von Anhängern der 5G-Verschwörungserzählung gehen. Die südafrikanische Provinz KwaZulu-Natal verzeichnete im Januar 2021 vier niedergebrannte Funkanlagen. In den Niederlanden gingen 2020 mehr als ein Dutzend Masten in Flammen auf, an einem der

Tatorte stießen Beamte auf den Schriftzug »Fuck 5G«. Infolge der Sachbeschädigung fiel mancherorts das Mobilfunknetz im Umkreis von mehreren Kilometern aus, auch Notfallsysteme waren betroffen. Das Magazin *Politico* berichtete im Mai 2020 über ähnliche Anschläge in Italien, Irland, Belgien und Zypern. Allein in Großbritannien wurden in den ersten Monaten der Corona-Pandemie mehr als siebzig Funkmasten angezündet. Einer der Angriffe richtete sich gegen eine Anlage an einem Krankenhaus in Birmingham. »Es ist herzzerreißend genug, dass Familien nicht am Bett von schwerkranken Angehörigen sein können«, schrieb der damalige Geschäftsführer von Vodafone UK Nick Jeffery in einem Beitrag. »Noch bedrückender ist, dass ihnen jetzt selbst der kleine Trost eines Telefon- oder Videoanrufs aufgrund der egoistischen Handlungen einiger verblendeter Verschwörungstheoretiker verweigert wird.« Zwischen März und Juni 2020 hat die britische Branchenorganisation Mobile UK mehr als zweihundert Attacken gegen Mitarbeiter von Mobilfunkunternehmen registriert. Nicht immer blieb es bei Pöbeleien und Beschimpfungen. Man stieß auf versteckte Rasierklingen an Mobilfunkmasten, ein Mann wurde mit einem Messer angegriffen und musste im Krankenhaus behandelt werden.

Der Ausbruch der Corona-Pandemie zog eine neue Welle der Gewalt aus der verschwörungsideologischen Szene nach sich. Im Oktober 2020 explodierte ein selbst gebauter Sprengsatz vor dem Leibniz Institut in Berlin. Vor Ort stießen Beamte auf ein Bekennerschreiben, in dem sich »Gegner der staatlichen Corona-Maßnahmen« zu dem Anschlag auf die Forschungseinrichtung bekannten. Auch Impf- und Testzentren standen und stehen immer wieder im Fokus verschwörungsideologisch motivierter Straftaten. In Hamburg wurde im März 2021 ein Plakat mit einer Sprengstoffanleitung angebracht, um einen Bombenanschlag auf das örtliche Impfzentrum durchzuführen. Im Januar 2021 musste ein ICE im bayerischen Schweinfurt eine Notbremsung einlegen. Auf den Gleisen war eine Blockade aus Holzlatten und Planen errichtet worden. Behörden gehen davon aus, dass die Täter dem Spektrum der »Gegner von Corona-Maßnahmen« zugerechnet werden können. Gilles de Kerchove, Anti-Terror-Koordinator der EU, warnte 2020 vor einer neuen Form von Terrorismus, ausgelöst durch Verschwörungsideologien.

Besorgniserregend ist vor allem auch die große Zahl antisemitischer Hetzkampagnen im Zusammenhang mit Verschwörungserzählungen rund um die Pandemie. In den USA rief eine faschistische Gruppierung ihre Anhänger dazu auf, Juden anzuspucken, um sie mit dem Coronavirus zu infizieren. In verschwörungsideologischen Messenger-Gruppen wird immer wieder behauptet, es gebe einen »Impfholocaust« und dass die Impfkampagne Israels eine große Täuschung sei. Es heißt, dort würden nur Placebos zum Einsatz kommen, und dahinter stecke ein teuflischer Plan »der Juden«, damit dem Rest der Welt angeblich gefährliche Impfstoffe verabreicht werden. Anfang 2021 tauchte in Deutschland an verschiedenen Orten ein Flyer auf, in dem behauptet wurde, man habe nicht etwa »ein Corona-Problem«, sondern vielmehr ein »Judenproblem«. Die Staatsanwaltschaft reagierte schnell – allerdings indem sie wegen Verdacht auf Volksverhetzung zunächst gegen die Person ermittelte, die in sozialen Netzwerken lediglich auf den Flyer aufmerksam gemacht hatte. Dies führte zu einem großen Aufschrei in der jüdischen Gemeinde. Das Verfahren wurde dann kurze Zeit später eingestellt.

Es ist wichtig zu begreifen, dass Antisemitismus im Verschwörungsmilieu schon immer eine zentrale Rolle gespielt hat. Verschwörungen werden in der Regel eher Personen oder Gruppen zugeschrieben, die man als mächtig wahrnimmt. Juden wurde – obwohl sie außerhalb von Israel überall eine Minorität darstellen – schon seit Jahrhunderten durch Stereotype überhöhte Macht zugeschrieben. Es gibt unzählige Verschwörungserzählungen, in denen es heißt, Juden würden die Welt regieren und die Medienlandschaft lenken, keine Steuern zahlen oder gar für die Pandemie verantwortlich sein. Besorgniserregend ist auch, wie massiv Verschwörungsideologen im Zuge der Pandemie immer wieder den Holocaust relativiert haben. Impfgegner riefen dazu auf, sich auf Demonstrationen »Judensterne« an die Brust zu heften, um sich als Opfer eines angeblich aufkeimenden Faschismus zu stilisieren. In Texten und Reden verglich man sich mit der im KZ ermordeten Jüdin Anne Frank. Welche Gefühle diese unsäglichen Vergleiche bei Überlebenden der Schoah und ihren Angehörigen auslösen, wird von der verschwörungsideologischen Szene dabei einfach ignoriert.

Zahlreiche wissenschaftliche Studien kommen zu dem Ergebnis, dass die individuelle Tendenz, an Verschwörungserzählungen zu glauben, auch mit einer erhöhten Wahrscheinlichkeit einhergeht, Gewalt zu befürworten, oder sogar der Bereitschaft, selbst gewalttätig zu werden. Laut Ergebnissen der Mitte-Studie der Friedrich-Ebert-Stiftung aus dem Jahr 2019 wiesen 25 Prozent der Befragten mit einer Verschwörungsmentalität – eine Gruppe, die laut ebenjener Studie 38 Prozent der Bevölkerung in Deutschland ausmacht – eine deutlich erhöhte Gewaltaffinität auf. Der Verschwörungsglaube kann auch als Radikalisierungsbeschleuniger beschrieben werden. Denn solche Narrative handeln stets vom absolut Bösen, von Feinden, die sich gegen die Menschheit verschworen hätten und beim Versuch, ihre Pläne umzusetzen, sogar dazu bereit seien, im wortwörtlichen Sinne über Leichen zu gehen. Innerhalb eines solchen Weltbilds können sich verschwörungsideologische Gruppierungen als das absolut Gute, als Helden, inszenieren, und Gewalt wird als eine Form von »Notwehr« verklärt.

Die Journalisten Jamie Bartlett und Carl Miller haben sich ausführlich mit der Frage befasst, ob es einen Zusammenhang zwischen religiös oder politisch motivierter Gewaltbereitschaft und verschwörungsideologischen Weltbildern gibt. Hierfür analysierten sie Publikationen von mehr als fünfzig extremistischen Gruppen aus unterschiedlichsten Spektren, die im Vereinigten Königreich, in Europa und den USA aktiv waren. Ihre Analyse zeigte, dass Verschwörungsideologien in solchen Milieus nicht nur weit verbreitet sind, sondern auch gezielt zur politischen Mobilisierung eingesetzt werden. Die Journalisten nennen in ihrer Untersuchung zahlreiche Beispiele. Christlich-fundamentalistische Anti-Abtreibungs-Gruppen wie die Army of God oder Lambs of Christ, die insbesondere in den USA aktiv sind, meinen, Freimaurer würden die Weltwirtschaft kontrollieren. Sie glauben zudem an eine weltliche Verschwörung, die darauf hinarbeitet, den Glauben an Gott aus der Gesellschaft zu tilgen. Bei Al-Qaida nahestehenden Gruppierungen sind antisemitische Verschwörungsmythen seit jeher fester Bestandteil ihrer Propaganda. Im Zuge der Pandemie wurde verbreitet, Covid-19 sei eine »Strafe Gottes«, um »die Ungläubigen« zu strafen.

Die brutale Kraft von Verschwörungserzählungen zeigt sich besonders deutlich im Rechtsterrorismus. Am 22. Juli 2011 kam es zu einem der schwersten Attentate in der Geschichte Norwegens. Ein rechtsextremer Terrorist brachte eine Autobombe im

Regierungsviertel von Oslo zur Detonation, danach setzte er auf die Insel Utøya über, auf der gerade ein Zeltlager der sozialdemokratischen Jugendorganisation *Arbeidernes Ungdomsfylking* stattfand. Viele der siebenundsiebzig an diesem Tag getöteten Menschen waren Minderjährige. Der Mörder hatte vor seiner Tat einen 1500-seitigen Text mit dem Titel 2083: A European Declaration of Independence (2083: Eine Europäische Unabhängigkeitserklärung) verfasst, den er per E-Mail an mehr als eintausend Empfänger schickte. Darin heißt es, er sehe Europa durch »Multikulturalisten, Kulturmarxisten [...] und kapitalistische Globalisten« bedroht und kündige eine »konservative Revolution« an, um die »multikulturellen Eliten« zu besiegen.

2018 drang ein bewaffneter Attentäter in die Tree-of-Life-Synagoge in Pittsburgh (USA) ein und tötete elf Menschen. Zuvor hatte er Juden als »Feinde des weißen Volkes« verunglimpft und verbreitet, der jüdische Investor und Philanthrop George Soros finanziere zusammen mit anderen eine »Invasion der Migranten«.

In Halle an der Saale versuchte ein Rechtsterrorist 2019 am höchsten jüdischen Feiertag Jom Kippur in eine Synagoge einzudringen, um die dort anwesenden Betenden zu ermorden. Als ihm das misslang, erschoss er eine Passantin und später einen jungen Mann in einem Imbiss. Im Nachgang des Attentats von Halle versuchten einige Medien »Die wirre Welt des Attentäters« zu ergründen. Doch statt sich vor allem mit der Ideologie hinter der Tat oder den Folgen für die Opfer zu beschäftigen, drehten sich einige Berichte vor allem um die Beziehung des Terroristen zu seiner Mutter und Problemen im Studium.

Bei der Berichterstattung über verschwörungsideologisch motivierte Terroranschläge zeigt sich oft ein äußerst problematisches Muster: Ein Anschlag wird verübt, Menschen sterben.

Doch die Schicksale der Opfer und Hinterbliebenen werden kaum wahrgenommen. Stattdessen wird diskutiert, ob der Täter psychische Probleme hatte, wie sein Umfeld aussah und ob sein Verhältnis zur Familie gestört war. Häufig wird auch versucht, die Tat zu psychologisieren. Die Forensikerin Nahlah Saimeh kritisierte derartige Formen der Berichterstattung in einem Interview mit der *Welt*: »Ich weise darauf hin, dass man extremistische Gewalttaten nicht mit psychischen Störungen gleichsetzen darf. Ich halte das für eine Bagatellisierungstaktik, die letztlich wirksames politisches Handeln lähmt.«

Wenn Biografien von Tätern analysiert werden, finden sich natürlich auch immer wieder Verhaltensauffälligkeiten oder Probleme in der Kindheit. Ob diese für die Tat aber wirklich eine Rolle spielen, ist dabei nicht immer eindeutig. Selbst wenn ein Attentäter eine psychische Erkrankung haben sollte, muss diese von der Ideologie klar unterschieden werden. Rechtsextremismus oder gewaltbereiter Islamismus sind nicht Ausdruck einer Depression oder Psychose. Die ideologischen Komponenten, die grundlegend dafür waren, wer als Opfer und Ziel des Anschlags ausgewählt wurde, können damit nicht erklärt werden. Eine solche Psychologisierung führt zu einer Entpolitisierung der Tat. Dies ist eine Erklärung dafür, warum die Rolle von Verschwörungsideologien bei der Radikalisierung von Attentätern sowohl in medialer Berichterstattung als auch in der gesellschaftlichen Debatte oft nur eine Randnotiz wert ist.

Auch bei Prominenten, die Verschwörungserzählungen bis hin zu offenem Antisemitismus verbreiten, wird häufig wenig über die dahinterstehende Ideologie gesprochen. Stattdessen wird gemutmaßt, ob die Person nicht einfach »durchgeknallt« oder schlichtweg »irre« sei. In Kommentarspalten zu entsprechenden Berichten finden sich oft Beiträge, in denen Nutzer eine Einweisung in die Psychiatrie samt Zwangsmedikation empfehlen. Hierzu muss man allerdings wissen: Die Hürden für eine Zwangseinweisung sind aus gutem Grund in den meisten Ländern sehr hoch angesetzt. Nach dem deutschen Gesetz für psychisch Kranke darf eine Zwangseinweisung nur aus zwei Gründen erfolgen:

• Akute und erhebliche Eigengefährdung
• Akute und erhebliche Fremdgefährdung

Eigengefährdung ist etwa dann gegeben, wenn eine Person konkrete Pläne für einen Suizid äußert. Unter Fremdgefährdung versteht man eine Situation, wenn beispielsweise ein Mensch an akutem Verfolgungswahn leidet und deswegen Passanten mit einem Messer angreift, weil er glaubt, dass diese den Teufel repräsentieren würden. Die Verbreitung von Hass und Hetze im Rahmen von rechtsextremen oder antisemitischen Verschwörungsideologien ist somit eher ein Fall für die Strafverfolgungsbehörden, nicht aber für die Psychiatrie. Geschlossene psychiatrische Einrichtungen sind kein Ort, um mit gesellschaftlichen Problemen umzugehen, dort werden vielmehr Menschen mit schweren psychischen Erkrankungen behandelt. Eine Psychologisierung ideologisch motivierter Hetze ist vor allem auch deshalb gefährlich, weil dem Täter damit ein Stück weit die Verantwortung für sein Handeln abgesprochen wird. »Der ist krank und weiß nicht, was er tut«, heißt es da etwa. So als wäre die Verbreitung von rassistischen und antisemitischen Verschwörungsideologien keine bewusste Entscheidung, sondern vielmehr eine Zwangshandlung, auf die die Person keinen Einfluss hätte.

Forderungen nach Einweisung oder Zwangsmedikation von Verschwörungsideologen basieren auf verkürzten Ferndiagnosen. Derartige Ferndiagnosen werden allerdings von den psychologischen und psychiatrischen Fachgesellschaften nicht nur als unethisch, sondern auch als unverantwortlich angesehen. Die in den 1970er-Jahren formulierte Goldwaterregel war in dieser Hinsicht wegweisend. Barry Goldwater war ein republikanischer Präsidentschaftskandidat, der 1964 für das Amt des Präsidenten der Vereinigten Staaten von Amerika kandidierte. Das US-amerikanische Magazin *Fact* hatte damals mehr als 12 000 Psychiater dazu befragt, inwiefern sie Goldwater für »geistig geeignet« hielten, das Amt des Präsidenten auszuüben. Rund 2400 Experten reagierten auf die Anfrage, und knapp die Hälfte gab an, dass sie Goldwater für unfähig hielten. Ein Blick auf die einzelnen Begründungen macht deutlich, wie gefährlich Ferndiagnosen sein können – selbst wenn vermeintliche Experten diese durchführen. »Barry Goldwaters geistige Instabilität rührt von der Tatsache her, dass sein Vater Jude war«, schrieb ein Befragter. Ein anderer urteilte: »Goldwater hat die gleiche pathologische Verfassung wie Hitler, Castro, Stalin und andere bekannte schizophrene Führer.« Wieder ein anderer glaubte zu wissen, dass der Kern seiner angeblichen paranoiden Persönlichkeit sich durch »seine Analität und latente Homosexualität« zeige. In einem Text hieß es gar, dass er »im Grunde seines Herzens« ein »Massenmörder« sei. All diese unseriösen Ferndiagnosen waren zutiefst geprägt von der ideologischen Positionierung und den menschenfeindlichen Haltungen der Verfasser. Trotzdem stieß der Bericht des Magazins auf reges öffentliches Interesse und beeinflusste sicherlich die Haltung vieler Leser. Der Republikaner Goldwater verlor daraufhin die Wahl und klagte gegen das Magazin – mit Erfolg.

Diese offensichtlich vollkommen verzerrte und unethische Bewertung eines Präsidentschaftskandidaten führte zu heftigen

Diskussionen unter Psychologen und Psychiatern. Im Jahr 1973 positionierte sich schließlich die Amerikanische Psychiatrische Gesellschaft und erklärte öffentlich, dass es »unethisch für Psychiater« sei, »eine professionelle Meinung zu äußern, bevor er oder sie eine Untersuchung vorgenommen und die Erlaubnis der Betroffenen erhalten habe, sich darüber zu äußern«.

Mit der Präsidentschaft von Donald Trump nahm die alte Debatte um Ferndiagnosen wieder Fahrt auf. Bis zum Ende seiner Amtszeit konnte man in zahlreichen Medien allerhand »Analysen« lesen, in denen Trump unterschiedlichste Persönlichkeitsprofile oder psychische Erkrankungen zugeschrieben wurden. Einer dieser Berichte fokussierte sich darauf, dass sein verstorbener Bruder angeblich Alkoholiker gewesen sei: »Das könnte ein Indiz sein für genetisch vererbten Endorphinmangel. Er ist süchtig nach Sex, Macht, Anerkennung.« Selbst wenn das so stimmen sollte, sind das vielleicht für einen Psychiater interessante Details, aber was soll eine Gesellschaft damit anfangen? Für eine kritische Bewertung von Politikern braucht es keine Diagnose, die sie zu Narzissten oder Psychopathen erklärt. Eine Analyse der politischen Aussagen und Handlungen reicht vollkommen aus. Das gilt auch für Donald Trump, der immer wieder äußerst radikale Verschwörungserzählungen verbreitete und dieses Mittel aktiv im Wahlkampf einsetzte. Eine Gesellschaft kann keine kollektive Therapie anbieten, sie kann sich aber sehr wohl gegen Rechtspopulismus und die Verbreitung von Lügen positionieren – ganze ohne dilettantische Ferndiagnosen.

Die Psychologisierung von gesellschaftlich unliebsamen Phänomenen führt darüber hinaus dazu, dass die derzeit weit verbreitete Stigmatisierung von psychischen Erkrankungen aufrechterhalten bleibt. Für Menschen, die psychisch erkrankt sind, sind solche Vergleiche oftmals stigmatisierend und verletzend.

Es ist nach wie vor leider oft so, dass eine psychische Erkrankung häufig als persönliche Schwäche wahrgenommen und verharmlost wird. Wer depressiv ist, muss sich etwa anhören, dass man sich ja einfach nur aufraffen und das Positive im Leben sehen müsse. Menschen, die an Schizophrenie erkrankt sind, werden hingegen sehr oft pauschal als gewalttätig und unberechenbar eingestuft. Diese stigmatisierende Darstellung findet sich auch in der medialen Berichterstattung, so die Deutsche Gesellschaft für Psychiatrie und Psychotherapie, Psychosomatik und Nervenheilkunde: »Klischees werden zugunsten von Einschaltquoten und Auflagen oft weiter bedient und komplexe Probleme zu aufmerksamkeitswirksamen Botschaften verdichtet. Gleichzeitig droht eine differenzierte Berichterstattung in der Angebotsflut unterzugehen.« Eine derartige Stigmatisierung und die damit verbundenen Diskriminierungserlebnisse können im schlimmsten Fall von den Betroffenen so sehr verinnerlicht werden, dass der Krankheitsverlauf dadurch negativ beeinflusst wird. Wer sich gegen rassistische oder antisemitische Verschwörungsideologen positioniert oder über das Thema aufklären will, sollte daher eine Gleichsetzung mit psychischen Erkrankungen in jedem Fall unterlassen. Menschen, die Verschwörungsideologen pauschal als »irre« bezeichnen und sie in die Psychiatrie wünschen, verkennen nicht nur den ideologischen Gehalt dieser Narrative, sondern tragen leider auch dazu bei, dass psychische Erkrankungen stigmatisiert werden.

Es ist wichtig, dass wir als Gesellschaft einen angemessenen Umgang mit Verschwörungsideologien finden. Denn die Verbreitung derartiger Mythen kann dem Fundament der Demokratie nachhaltigen Schaden zufügen. Während seiner Amtszeit gehörte das Verbreiten von Verschwörungserzählungen über die Medienlandschaft zum Standardrepertoire von Donald

Trump. Bei der Stürmung des US-Kapitols durch Trump-Anhänger kam es zu massiver Gewalt gegen Pressevertreter. Filmteams mussten flüchten, um sich in Sicherheit zu bringen, und Protestierende filmten sich dabei, wie sie das zurückgelassene Kamera-Equipment zerstören.

Gewalt gegen Medien durch Anhänger von Verschwörungsideologien ist ein internationales Phänomen. Denn das Narrativ einer gesteuerten Presse ist fester Bestandteil so gut wie jeder Verschwörungserzählung. Journalisten werden dadurch immer wieder zur Zielscheibe für Hass und Hetze bis hin zu konkreter Gewalt. Julius Geiler, der für den *Tagesspiegel* im November 2020 bei einer Demonstration der verschwörungsideologischen Querdenken-Gruppierung in Leipzig vor Ort gewesen war, sagte gegenüber *jetzt.de*, er sei sehr froh gewesen, in der aufgeheizten Situation vor Ort einen Helm dabeigehabt zu haben: »Das rettet einfach Leben, wenn man damit rechnen muss, dass Steine oder Flaschen fliegen, wie es in Leipzig auch der Fall war.« Sarah Ulrich, Landeskorrespondentin der *taz* für Sachsen, Sachsen-Anhalt und Thüringen, schilderte ihre Erlebnisse wie folgt: »Vor dem Leipziger Hauptbahnhof ist eine große Kreuzung. Die Demo-Teilnehmenden sollten abreisen, aber das wollten sie natürlich nicht. Wir Medienvertreter:innen standen alle in der Mitte, um uns herum ein Kreis aus Polizist:innen. Um diesen Kreis herum eine sehr aggressive Masse an Leuten, die uns angefeindet haben. Wir wurden immer wieder heftig beschimpft, als ›Lügenpresse‹, als ›Medienf*tzen‹. Und wir konnten nicht raus.« Laut einer Erhebung des Europäischen Zentrums für Presse- und Medienfreiheit (ECPMF) kam es in Deutschland 2020 zu neunundsechzig tätlichen Angriffen auf Pressevertreter – so vielen wie nie zuvor. 71 Prozent der Attacken fanden im Kontext von Demonstrationen im Zusammenhang mit der Pandemie statt.

Verschwörungserzählungen über die Medienlandschaft können langfristig eine toxische Wirkung auf Debatten entfalten. In einer Demokratie erfüllen Medien eine zentrale Aufgabe. Eine freie Presse schaut den Mächtigen auf die Finger, deckt Missstände auf und macht öffentlich, wenn Politiker schlechte Entscheidungen treffen. Diese Funktion können Medien aber nicht mehr erfüllen, wenn Verschwörungsideologen mit großer Anhängerschaft sich quasi eigene Parallelwelten bauen, in denen jeglicher Widerspruch ausgeblendet wird. Seriöse Berichterstattung dringt zu den Anhängern dann schlichtweg nicht mehr durch.

Verschwörungsideologen inszenieren sich zudem mit Vorliebe als investigativ Forschende, als Kämpfer für Meinungsfreiheit und gegen »Denkverbote«. Statt einer sachlichen Auseinandersetzung mit Gegenargumenten lassen sich im Verschwörungsmilieu allerdings immer wieder koordinierte Aktionen beobachten, die einzig und allein darauf abzielen, Kritiker durch gezielte Einschüchterung mundtot zu machen. Wann immer es um die eigenen Ansichten geht, wird das Recht auf Meinungsfreiheit betont, gleichzeitig wird jedoch versucht, Andersdenkende systematisch zum Schweigen zu bringen. Wichtige Stimmen, gerade auch aus der Wissenschaft, drohen so zu verstummen.

Verschwörungserzählungen sind außerdem sehr effektiv darin, Anhänger vor jeglicher Form von Kritik abzuschirmen, da Außenstehende schnell als Agenten des Feindes delegitimiert werden können. Eine Auseinandersetzung mit konträren Meinungen ist auf dieser Basis – auch innerhalb solcher Gruppen – kaum mehr möglich. Jeglicher Widerspruch wird entweder als naiv oder Teil der Verschwörung stigmatisiert. Wissenschaftliche Erkenntnisse spielen keine Rolle mehr. In einer Demokratie, die auf den Austausch von Argumenten angewiesen ist, hat so eine Eigendynamik negative Auswirkungen auf unsere Fähigkeit, gute Lösungen für die Herausforderungen unserer Zeit zu finden. Man sucht nicht mehr das Gespräch, tauscht keine Argumente aus, versucht nicht, einen Kompromiss zu finden. Die Sprache in einschlägigen Gruppen wird von einer zunehmend kriegerischen Rhetorik bestimmt: Mit einem Feind wird nicht verhandelt – ein Feind wird bekämpft.

Der Glaube an eine große Verschwörung vergiftet langfristig das demokratische Miteinander. Wissenschaftliche Studien haben gezeigt, dass derartige Überzeugungen mit einem Rückzug aus dem demokratischen Diskurs einhergehen. Aus der Perspektive von Verschwörungsgläubigen macht das auch Sinn: Wer wirklich glaubt, dass die Regierung so weit geht, mittels angeblicher »Chemtrails« giftige Chemikalien über der Bevölkerung zu versprühen, traut demokratischen Institutionen auch bei anderen Themen nicht mehr über den Weg. Wer meint, Wahlergebnisse würden systematisch gefälscht, sieht keinen Sinn mehr darin, wählen zu gehen, oder erachtet Regierungen gar als illegitim. An einem solchen Punkt ist das Vertrauen in demokratische Prozesse bereits so nachhaltig gestört, dass man womöglich andere Wege sucht, um gegen scheinbare Komplotte vorzugehen – zum Beispiel in Form von Gewalt.

Die eingangs geschilderte Geschichte einer jungen Frau, die sich durch Verschwörungsideologien radikalisiert und schlussendlich versucht hat, gemeinsam mit Reichsbürgern und QAnon-Anhängern das Parlament zu stürmen, macht eines sehr deutlich: Verschwörungsideologien vergiften nicht nur auf menschlicher Ebene das Miteinander – das alles hat immer auch Folgen für unsere Gesellschaft als Ganzes. Wegsehen und hoffen, dass sich dieses Problem irgendwie von allein lösen wird, ist daher keine Option.

»Vorher habe ich das nicht so ernst genommen. Die Veränderung von Ana mitzuerleben hat mich sehr verändert«, teilt uns Bernd mit. »In meiner Nachbarschaft suche ich jetzt gezielt nach öffentlicher Propaganda von QAnon oder sonstigen Gruppierungen. Aufkleber werden abgemacht, Schmierereien werden übersprüht oder übermalt.« Wann immer es geht, versucht Bernd nun Gegenrede zu betreiben. Dies führt zwar dazu, dass er sich oft in Situationen wiederfindet, die extrem anstrengend sind. Doch ihm ist es wichtig, Haltung zu zeigen. »Wenn wir alle schweigen, dann werden sich diese Leute sicher im öffentlichen Raum fühlen. Es ist wie mit Rassismus: Man sollte nicht einfach weggehen, sondern man sollte in diesen Augenblicken klare Kante zeigen.«

Als wir ihn am Ende unseres Gesprächs fragen, ob ihm noch etwas auf dem Herzen liege, muss er nicht lange überlegen: »Meine Wahrnehmung ist: Viele Politiker haben sich während der Pandemie von verschwörungsideologischen Gruppierungen vor sich hertreiben lassen. Das führt dazu, dass ihre Ideen anschlussfähig werden. Da würde ich mir wünschen – gerade mit Blick auf Menschen, die noch nicht so sind wie Ana, aber in diese Richtung tendieren –, dass dort auch mehr Verantwortung gesehen wird. Zivilgesellschaft, Politik und Medien müssten da noch einmal einen Neustart machen.« Dem haben auch wir nichts hinzuzufügen.

Nachwort

Wir haben diesen Ratgeber geschrieben, weil wir der Überzeugung sind, dass Nichthandeln und Wegsehen beim Umgang mit Verschwörungserzählungen die schlechteste aller Optionen ist – sowohl auf individueller als auch auf gesellschaftlicher Ebene. Nach der Veröffentlichung unseres Buchs *Fake Facts – Wie Verschwörungstheorien unser Denken bestimmen* erreichten uns unzählige Nachrichten von Lesern, die in tiefer Sorge um Angehörige oder Freunde waren. Wenn ein Mensch plötzlich alles durch die Brille einer Verschwörungsideologie sieht und seine Welt zunehmend von Feindbildern bestimmt wird, fühlt sich das Umfeld oft hilflos und auch überfordert. Was uns beeindruckt hat, war jedoch die Entschlossenheit, die aus vielen dieser Nachrichten sprach: »Diese Person bedeutet mir viel. Ich will nicht tatenlos zusehen und werde zumindest versuchen, sie da wieder rauszuholen!«

Uns war es ein Anliegen, mit diesem Buch all jenen, die solche schwierigen Situationen durchleben, einige Hilfestellungen an die Hand zu geben, um einen besseren Umgang damit zu finden. Gleichwohl können wir nur betonen, dass ein Ratgeber natürlich keine professionelle Beratung ersetzen kann. Angehörige verspüren oft eine große Scham und zögern deshalb, Hilfe hinzuzuziehen – selbst wenn die Familie daran auseinanderzubrechen droht. Wir können nur dazu ermutigen, diesen Schritt zu wagen, wenn man sich zunehmend überfordert fühlt. Manchmal kann erst ein Blick von außen

Perspektiven aufzeigen, die man selbst womöglich übersehen hat.

Gerade weil der Umgang mit Verschwörungsgläubigen nicht immer einfach und eine Intervention oft ein langfristiger Prozess ist, gilt es dabei das eigene psychische Wohlbefinden nicht aus dem Blick zu verlieren. Selbst die besten Interventionsstrategien werden in einigen Fällen womöglich versagen. Daher ist es wichtig, Grenzen zu ziehen, und sich auch immer wieder zu fragen: »Kann ich das gerade überhaupt leisten?« Besonders wenn es um rassistische und antisemitische Verschwörungsideologien geht, ist es zudem nachvollziehbar, wenn der Kontaktabbruch irgendwann als letzte mögliche Option erscheint. Verschwörungsgläubige sind eben nicht immer nur »verführte Opfer«, sondern können auch zu Tätern werden, die Hass und Hetze verbreiten.

Wir dürfen als Gesellschaft nicht tatenlos zusehen, wenn Verschwörungsideologen Angst, Hass und Zwietracht säen. Denn wenn sich solche Narrative in der Gesellschaft breitmachen, hat das schließlich Folgen für uns alle. Als Gesellschaft müssen wir lernen, uns Hass und Hetze entschlossen entgegenzustellen – und Zivilcourage zu zeigen, die auch im digitalen Raum aktiv gelebt wird. Es braucht aber nicht nur eine andere Debattenkultur, es braucht auch Taten auf politischer Ebene. Wer über die Gefahren von Verschwörungsideologien aufgeklärt wurde, hat bessere Chancen, sich und andere davor zu schützen. Daher wäre es sinnvoll, wenn bereits Kinder in der Schule vermittelt bekommen, wie sie solche Narrative erkennen und welche Mechanismen dahinterstecken. Es braucht außerdem mehr Initiativen zur Stärkung der Medienkompetenz, die sich nicht nur an Jugendliche, sondern an alle Altersgruppen richten. Denn oftmals sind es gar nicht die Kinder, sondern vielmehr die Eltern, die derartige Narrative verbreiten. Nicht zuletzt braucht es auch eine Stärkung und einen Ausbau von Beratungsangeboten. Damit Angehörige und Freunde, die nicht tatenlos zusehen, sondern aktiv gegenhalten wollen, die Hilfe bekommen, die sie brauchen. Und damit Menschen, die von Verschwörungsideologen bedroht werden, die Unterstützung erhalten, die sie benötigen. Es ist höchste Zeit, dass Strafverfolgungsbehörden digitale Hetze ernst nehmen. Wir dürfen Betroffene nicht damit allein lassen. Denn wenn nicht gehandelt wird, schwächt das nicht nur die Zivilgesellschaft, sondern bestärkt auch Verschwörungsideologen darin, ihren Hass weiterzuverbreiten.

Der Glaube an Verschwörungen ist kein neues Phänomen. Als Gesellschaft haben wir es jedoch zu lange versäumt, einen besseren Umgang damit zu finden. Das muss sich dringend ändern.

Quellen- und Literaturverzeichnis

American Psychiatric Organization (2021). Goldwater Rule's Origins Based on Long-Ago Controversy. Abgerufen von https://www.psychiatry.org/newsroom/goldwater-rule.

Aschenbrenner, S. (10. November 2020). »Ich hatte Gewalt erwartet. Aber das war eine neue Dimension.« Querdenken in Leipzig: Journalist:innen sprechen über Gewalt gegen Presse. *Jetzt.de*. Abgerufen von https://www.jetzt.de/politik/querdenken-in-leipzig-journalist-innen-sprechen-ueber-gewalt-gegen-presse.

Banai, I. P., Banai, B., & Mikloušić, I. (2020). Beliefs in COVID-19 conspiracy theories predict lower level of compliance with the preventive measures both directly and indirectly by lowering trust in government medical officials.

Bartlett, J., & Miller, C. (2010). The power of unreason: Conspiracy theories, extremism and counter-terrorism. London: Demos.

Basu, T. (2020). How to talk to conspiracy theorists – and still be kind. *MIT Technology Review*. Abgerufen von https://www.technologyreview.com/2020/07/15/1004950/how-to-talk-to-conspiracy-theorists-and-still-be-kind/.

BBC News (28. Januar 2021). Covid deniers blamed over Shrewsbury man Gary Matthews' death. *BBC*. Abgerufen von https://www.bbc.com/news/uk-england-shropshire-55843817.

Beres, E., Saathoff, C. (2020). Verschwörungsmythen im Kinder-Chat. *Tagesschau*. Abgerufen von https://www.tagesschau.de/investigativ/report-mainz/corona-kinder-105.html.

Betsch, C., Wieler, L., Bosnjak, M., Ramharter, M., Stollorz, V., Omer, S., Korn, L., Sprengholz, P., Felgendreff, L., Eitze, S., Schmid, P. (2020). Germany COVID-19 Snapshot Monitoring (COSMO Germany): Monitoring knowledge, risk perceptions, preventive behaviours, and public trust in the current coronavirus outbreak in Germany, http://dx.doi.org/10.23668/psycharchives.2776.

Broad, W. J. (12. Mai 2019). Your 5G phone won't hurt you. But Russia wants you to think otherwise. *The New York Times*. Abgerufen von https://www.nytimes.com/2019/05/12/science/5g-phone-safety-health-russia.html.

Brodnig, I. (2020). Einspruch! Verschwörungsmythen und Fake News kontern – in der Familie, im Freundeskreis und online. Wien, Österreich: Brandstätter Verlag. S. 71, 107.

Combating Terrorism Center (31. August 2020). A view from the CT foxhole: Gilles de Kerchove, European Union (EU) Counter-Terrorism Coordinator. Abgerufen von https://ctc.usma.edu/a-view-from-the-ct-foxhole-gilles-de-kerchove-european-union-eu-counter-terrorism-coordinator/.

Dahlkamp, J., & von Bredow, R. (5.Februar 2021). Melanie Brinkmann über Corona-Mutanten: »Der Wettlauf ist längst verloren«. Der Spiegel. Abgerufen von: https://www.spiegel.de/wissenschaft/medizin/melanie-brinkmann-ueber-corona-mutanten-der-wettlauf-ist-laengst-verlore n-a-00000000-0002-0001-0000-000175196841.

Deer, B. (31. Dezember 2006). MMR doctor given legal aid thousands. The Sunday Times. London. Abgerufen von https://www.thetimes.co.uk/article/mmr-doctor-given-legal-aid-thousands-ooftl8omsbs.

Der Postillon (1. September 2020). Unglaublicher Verdacht: Wird Attila Hildmann von Merkel bezahlt, um die Querdenker-Szene lächerlich zu machen? Der Postillon. Abgerufen von https://www.der-postillon.com/2020/09/hildmann-merkel.html.

Der Spiegel (11. Februar 2021). Schweinfurt: Anschlag auf ICE-Strecke wurde offenbar von Gegnern der Corona-Politik verübt. Der Spiegel. Abgerufen von https://www.spiegel.de/panorama/justiz/schweinfurt-anschlag-auf-ice-strecke-wurde-offenbar-von-gegnern-der-corona-politik-veruebt-a-02cda451-290f-4f7d-b821-5ddf64ao7ccc.

Der Spiegel (14. Oktober 2019). Halle (Saale): Stephan Balliet bereitete Tat seit Monaten vor. Der Spiegel. Abgerufen von https://www.spiegel.de/panorama/justiz/halle-saale-stephan-balliet-bereitete-tat-seit-monaten-vor-a-1291500.html.

Der Standard (14. Juni 2019). Esoterikerin warnt vor Gedankenkontrolle durch 5G. Der Standard. Verfügbar unter https://www.derstandard.de/story/2000104324066/esoterikerin-warnt-vor-gedankenkontrolle-durch-5g.

De Telegraaf (10. April 2020). Wéér incident bij mast: verzet 5G wordt militant. De Telegraaf. Abgerufen von https://www.telegraaf.nl/nieuws/715118123/weer-incident-bij-mast-verzet-5-g-wordt-militant.

Deutsche Gesellschaft für Psychiatrie und Psychotherapie, Psychosomatik und Nervenheilkunde (10. Oktober 2017). Das Stigma psychischer Erkrankungen in der Gesellschaft. Abgerufen von https://www.dgppn.de/presse/pressemitteilungen/pressemitteilungen-2017/psychiatrie-und-gesellschaft.html.

Deutschlandfunk Nova (21. Oktober 2020). Virologin: »Ein mulmiges

Gefühl habe ich immer, wenn ich meine Post öffne.« *Deutschlandfunk Nova*. Abgerufen von https://www.deutschlandfunknova.de/beitrag/virologin-regelmaessige-beschimpfungen-gehoeren-zum-alltag.

Douglas, K. M., & Sutton, R. M. (2011). Does it take one to know one? Endorsement of conspiracy theories is influenced by personal willingness to conspire. *British Journal of Social Psychology*, 50(3), 544–552.

Douglas, K. M., Sutton, R. M., & Cichocka, A. (2017). The psychology of conspiracy theories. *Current directions in psychological science*, 26(6), 538–542.

ECPMF (22. März 2021). Feindbild Journalist 5: Alliiert im Pressehass – European centre for press and media freedom. Abgerufen von http://www.ecpmf.eu/feindbild-journalist-2021/.

Eurostat (2020). Healthcare personnel statistics – physicians. Abgerufen von https://ec.europa.eu/eurostat/statistics-explained/index.php?title=Healthcare_personnel_statistics_-_physicians.

Eyre, M., Goillandeau, M. (15. Januar 2019). Here, here: the Swedish online love army who take on the trolls. *The guardian*. Abgerufen von http://www.theguardian.com/world/2019/jan/15/the-swedish-online-love-army-who-battle-below-the-line-comments.

Fugmann, T. (2. März 2021). Die Geschichte der Impfgegner. *MDR*. Abgerufen von https://www.mdr.de/zeitreise/impfen-impfgegner-geschichte-des-impfens-100.html.

Gensing, P. (2020). Russisches Staatsmedium: Krude Thesen für »Corona-Skeptiker«. *Tagesschau*. Abgerufen von https://www.tagesschau.de/faktenfinder/rt-corona-russland-101.html.

Hamburger Abendblatt (2. März 2021). Corona-Leugner drohen in Hamburg mit Gewalt gegen Impfzentrum. *Hamburger Abendblatt* Abgerufen von https://www.abendblatt.de/hamburg/article231693075/corona-leugner-drohen-in-hamburg-mit-gewalt-gegen-impfzentrum-messehallen-querdenker-plakate-virologe-christian-drosten-staats-schutz-polizei.html.

Harder, B. (2018). Verschwörungstheorien: Ursachen – Gefahren – Strategien (1. Aufl.). Aschaffenburg: Alibri. S. 16, 63, 139.

Honts, C. R., & Kircher, J. C. (1994). Mental and physical countermeasures reduce the accuracy of polygraph tests. *Journal of Applied Psychology*, 79(2), 252.

Hurtz, S. (17. März 2020). Warum die Infodemie genauso gefährlich ist wie die Pandemie. *Süddeutsche Zeitung*. Verfügbar unter https://www.sueddeutsche.de/digital/coronavirus-whatsapp-donald-trump-fake-news-1.4847686.

Imhoff, R., & Bruder, M. (2014). Speaking (un-)truth to power: Conspiracy mentality as a generalised political attitude. *European Journal of Personality*, 28 (1), 25–43.

Imhoff, R., & Lamberty, P. (2018). How paranoid are conspiracy believers? Toward a more fine-grained understanding of the connect and disconnect between paranoia and belief in conspiracy theories. *European Journal of Social Psychology*, 48(7), 909–926.

Imhoff, R., & Lamberty, P. (2020). A bioweapon or a hoax? The link between distinct conspiracy beliefs about the Coronavirus disease (COVID-19) outbreak and pandemic behavior. *Social Psychological and Personality Science*, 11(8), 1110–1118.

Imhoff, R., & Lamberty, P. K. (2017). Too special to be duped: Need for uniqueness motivates conspiracy beliefs. *European journal of social psychology*, 47(6), 724–734.

Jamison, A. M., Broniatowski, D. A., Dredze, M., Wood-Doughty, Z., Khan, D., & Quinn, S. C. (2020). Vaccine-related advertising in the Facebook Ad Archive. *Vaccine*, 38(3), 512–520.

Jolley, D., & Douglas, K. M. (2014). The effects of anti-vaccine conspiracy theories on vaccination intentions. *PloS one*, 9(2), e89177.

Jolley, D., & Douglas, K. M. (2014). The social consequences of conspiracism: Exposure to conspiracy theories decreases intentions to engage in politics and to reduce one's carbon footprint. *British Journal of Psychology*, 105(1), 35–56.

Jolley, D., & Paterson, J. L. (2020). Pylons ablaze: Examining the role of 5G COVID-19 conspiracy beliefs and support for violence. *British journal of social psychology*, 59(3), 628–640.

Jolley, D., Meleady, R., & Douglas, K. M. (2020). Exposure to intergroup conspiracy theories promotes prejudice which spreads across groups. *British Journal of Psychology*, 111(1), 17–35.

Kaulen, H. (8. Januar 2007). Impfstoff: Vergoldete Bedenken. *Frankfurter Allgemeine Zeitung*. Abgerufen von https://www.faz.net/aktuell/wissen/medizin-ernaehrung/impfstoff-vergoldete-bedenken-1411323.html.

Kennedy Townsend, K., Kennedy, J.P.II, Kennedy McKean, M. (8. Mai 2019). RFK Jr. Is our brother and uncle. He's tragically wrong about vaccines. *Politico*. Abgerufen von https://www.politico.com/magazine/story/2019/05/08/robert-kennedy-jr-measles-vaccines-226798/.

Khamis, S. (23. Mai 2020). »Widerwärtiger Tabubruch«: NS-Vergleiche während Corona. *BR24*. Abgerufen von https://www.br.de/nachrichten/deutschland-welt/widerwaertiger-tabubruch-ns-vergleiche-waehrend-corona,Rzj6QCv.

Lamberty, P., & Imhoff, R. (2018). Powerful pharma and its marginalized alternatives?. *Social Psychology*.

Lewandowsky, S., Cook, J., Ecker, U. K. H., Albarracín, D., Amazeen, M. A., Kendeou, P., Lombardi, D., Newman, E. J., Pennycook, G., Porter, E. Rand, D. G., Rapp, D. N., Reifler, J., Roozenbeek, J., Schmid, P., Seifert, C. M., Sinatra, G. M., Swire-Thompson, B., van der Linden, S., Vraga, E. K., Wood, T. J., Zaragoza, M. S. (2020). The Debunking Handbook 2020. Verfügbar unter https://sks.to/db2020.

Meijer, E. H., Verschuere, B., Gamer, M., Merckelbach, H., & Ben-Shakhar, G. (2016). Deception detection with behavioral, autonomic, and neural measures: Conceptual and methodological considerations that warrant modesty. Psychophysiology, 53(5), 593–604.

Miller, J. M., Saunders, K. L., & Farhart, C. E. (2016). Conspiracy endorsement as motivated reasoning: The moderating roles of political knowledge and trust. American Journal of Political Science, 60(4), 824–844.

Moskalenko, S. (30. März 2021). Many QAnon followers report having mental health diagnoses. Salon. Abgerufen von: https://www.salon.com/2021/03/29/many-qanon-followers-report-having-mental-health-diagnoses_partner/.

Nocun, K., & Lamberty, P. (2020). Fake Facts: Wie Verschwörungstheorien unser Denken bestimmen. Köln: Bastei Lübbe.

Ofcom (2020). Children and parents: Media use and attitudes report 2019. Abgerufen von https://www.ofcom.org.uk/__data/assets/pdf_file/0023/190616/children-media-use-attitudes-2019-report.pdf.

Oleksy, T., Wnuk, A., Maison, D., & Łyś, A. (2021). Content matters. Different predictors and social consequences of general and government-related conspiracy theories on COVID-19. Personality and Individual Differences, 168, 110289.

Pies, R., & Pierre, J. (2021). Believing in Conspiracy Theories Is Not Delusional. Abgerufen von https://www.medscape.com/viewarticle/945290.

Porterfield, C. (15. August 2020). Debunked bill gates conspiracy gets A boost from RFK Jr., Marla maples. Forbes Magazine. Abgerufen von https://www.forbes.com/sites/carlieporterfield/2020/08/15/debunked-bill-gates-conspiracy-gets-a-boost-from-rfk-jr-marla-maples/.

Pytlik, N., Soll, D., & Mehl, S. (2020). Thinking preferences and conspiracy belief: intuitive thinking and the jumping to conclusions-bias as a basis for the belief in conspiracy theories. Frontiers in psychiatry, 11, 987.

QAnonCasualties (2021). Reddit.com. Aufgerufen von: https://www.reddit.com/r/QAnonCasualties.

RBB24 (29. Oktober 2020). Staatsschutz ermittelt nach Explosion von Sprengsatz in Berlin. RBB24. Abgerufen von https://www.rbb24.de/politik/beitrag/2020/10/berlin-sprengsatz-corona-massnahmen-gegner.html.

Rees, J., & Lamberty, P. (2019). Mitreißende Wahrheiten: Verschwörungsmythen als Gefahr für den gesellschaftlichen Zusammenhalt. In Verlo-
rene Mitte – Feindselige Zustände. Rechtsextreme Einstellungen in
Deutschland 2018/19 (hrsg. für die Friedrich-Ebert-Stiftung von Fran-
ziska Schröter).

Rehfeld, N. (2016). Robert De Niro zieht Film »Vaxxed« von Tribeca
Festival ab. *Frankfurter Allgemeine Zeitung*. Abgerufen von https://www.
faz.net/aktuell/feuilleton/kino/robert-de-niro-zieht-film-vaxxed-von-
tribeca-festival-ab-14158672.html.

Resnick, B. (25. Mai 2017). This article is why psychiatrists were banned
from diagnosing politicians like Trump. *Vox*. Abgerufen von https://www.
vox.com/science-and-health/2017/5/25/15690396/fact-goldwater-rule-
article-psychiatrist.

Reuters (11. Januar 2021). 5G COVID-19 conspiracy theory baseless
and fake, S.Africa's telecoms regulator says. *Reuters*. Abgerufen von
https://www.reuters.com/article/uk-safrica-telecoms-5g-idUSKBN29
G2B0.

Röttger, T. (28. Januar 2020). Nein, Bill Gates hat kein Patent auf das neue
Coronavirus oder den Ausbruch mit 65 Millionen Toten vorhergesagt.
Correctiv. Abgerufen von https://correctiv.org/faktencheck/medizin-
und-gesundheit/2020/01/28/nein-bill-gates-hat-kein-patent-auf-das-
neue-coronavirus-oder-den-ausbruch-mit-65-millionen-toten-vorher-
gesagt/.

Schnack, D. (1. November 2020). Kammer distanziert sich von »Ärzten
für Aufklärung«. *Ärzte Zeitung*. Springer Medizin Verlag. Abgerufen
von https://www.aerztezeitung.de/Wirtschaft/SARS-CoV-2-Kammer-
distanziert-sich-von-Aerzten-fuer-Aufklaerung-414254.html.

Solsman, J. E. (10. Januar 2018). YouTube's AI is the puppet master over
most of what you watch. *CNET*. Abgerufen von https://www.cnet.com/
news/youtube-ces-2018-neal-mohan/.

Spocchia, G. (11. März 2021). Dr Fauci reveals ›extraordinary death
threats‹ received throughout pandemic. *Independent*. Abgerufen von
https://www.independent.co.uk/news/world/americas/us-politics/
fauci-covid-death-threats-trump-b1815693.html.

Spring, M. (24. August 2020). Man who believed virus was hoax loses wife
to Covid-19. *BBC*. Abgerufen von https://www.bbc.com/news/world-
us-canada-53892856.

Stoldt, T.-R. (28. Juni 2019). »Man darf Terror nicht psychiatrisieren«.
Die Welt. Abgerufen von https://www.welt.de/regionales/nrw/
article196012833/Man-darf-Terror-nicht-psychiatrisieren.html.

Subramanian, S. (18. Mai 2020). The Deep Conspiracy Roots of Europe's

Strange Wave of Cell-Tower Fires. *Politico*. Abgerufen von https://www.
politico.com/news/magazine/2020/05/18/deep-conspiracy-roots-
europe-wave-cell-tower-fires-264997.

Swami, V., Coles, R., Stieger, S., Pietschnig, J., Furnham, A., Rehim, S., &
Voracek, M. (2011). Conspiracist ideation in Britain and Austria: Evi-
dence of a monological belief system and associations between individual psychological differences and real-world and fictitious conspiracy
theories. *British Journal of Psychology*, 102(3), 443–463.

Sweney, M., & Waterson, J. (14. April 2020). Arsonists attack phone mast
serving NHS Nightingale hospital. *The guardian*. Abgerufen von http://
www.theguardian.com/technology/2020/apr/14/arsonists-attack-
phone-mast-serving-nhs-nightingale-hospital.

Szemerszky, R., Köteles, F., Lihi, R., & Bárdos, G. (2010). Polluted places or
polluted minds? An experimental sham-exposure study on background
psychological factors of symptom formation in ›Idiophatic Environmental Intolerance attributed to electromagnetic fields‹. *International Journal
of Hygiene and Environmental Health*, 213(5), 387–394.

Thompson, C. (2020). YouTube's Plot to Silence Conspiracy Theories. *Wired*.
Aufgerufen von https://www.wired.com/story/youtube-algorithm-
silence-conspiracy-theories/.

Van Prooijen, J. W., & Acker, M. (2015). The influence of control on belief
in conspiracy theories: Conceptual and applied extensions. *Applied Cog-
nitive Psychology*, 29(5), 753–761.

Van Prooijen, J. W., & Douglas, K. M. (2017). Conspiracy theories as part
of history: The role of societal crisis situations. *Memory studies*, 10(3),
323–333.

Van Prooijen, J. W., & Douglas, K. M. (2018). Belief in conspiracy theories:
Basic principles of an emerging research domain. *European journal of social psychology*, 48(7), 897–908.

Van Prooijen, J. W., Douglas, K. M., & de Inocencio, C. (2018). Connect-
ing the dots: Illusory pattern perception predicts belief in conspira-
cies and the supernatural. *European journal of social psychology*, 48(3),
320–335.

Van Prooijen, J. W., Krouwel, A. P., & Pollet, T. V. (2015). Political extremism predicts belief in conspiracy theories. *Social Psychological and Personality Science*, 6(5), 570–578.

Vincent, J. (3. Juni 2020). 5G coronavirus conspiracy theorists are endan-
gering the workers who keep networks running. *The Verge*. Abgerufen
von https://www.theverge.com/2020/6/3/21276912/5g-conspiracy-
theories-coronavirus-uk-telecoms-engineers-attacks-abuse.

Voß, B. (5. April 2017). Trump, Putin, Erdogan – Warum psychiatrische

Ferndiagnosen nicht hilfreich sind. *Cicero*. Abgerufen von https://www.cicero.de/kultur/trump-putin-erdogan-warum-psychiatrische-ferndiagnosen-nicht-hilfreich-sind.

West, M. (2018). Escaping the rabbit hole: How to debunk conspiracy theories using facts, logic, and respect. New York, NY, USA: Skyhorse Publishing. S. 80, 215.

Wienand, L. (6. Januar 2021). »D-Day 2.0« geplant: Polizei stoppt »Querdenker« an Autobahnen. *t-online*. Abgerufen von https://www.t-online.de/nachrichten/deutschland/id_89233820/-d-day-2-0-geplant-polizei-stoppt-querdenker-an-autobahnen.html.

Wood, M. J., & Douglas, K. M. (2013). »What about building 7?« A social psychological study of online discussion of 9/11 conspiracy theories. *Frontiers in Psychology*, 4, 409.

Wood, M. J., Douglas, K. M., & Sutton, R. M. (2012). Dead and alive: Beliefs in contradictory conspiracy theories. *Social psychological and personality science*, 3(6), 767–773.

World Health Organization (2018). International classification of diseases for mortality and morbidity statistics (10th Revision). Abgerufen von https://www.dimdi.de/static/de/klassifikationen/icd/icd-10-gm/kode-suche/htmlgm2021/.